GLÜCKSTADT

Ein Führer
durch das Stadtdenkmal und seine Geschichte

VON

HANS-REIMER MÖLLER

3. verbesserte Auflage

VERLAG J.J.AUGUSTIN · GLÜCKSTADT

1. Auflage 1994
2., verbesserte Auflage 1996
3., verbesserte Auflage 2000

© 1994, Verlag J.J. Augustin GmbH, Glückstadt
Umschlagbild Herbert Hoffmann
ISBN 3-87030-066-3
Gesamtherstellung: J.J. Augustin, Glückstadt

Zeit für ein neues Glückstadt-Buch?

Unsere Stadt ist als das *einmalige Beispiel einer frühneuzeitlichen polygonalen Radialstadt* bekannt geworden, hat den Charakter eines *Stadtdenkmals* erworben und ihre *Altstadtsanierung* zu vorzeigbaren Ergebnissen vorangebracht. Da erscheint es vertretbar, nach Detlef Detlefsen 1906, Hans Döhler 1962 und Waltrud Bruhn 1977 nun einen vierten Stadtführer herauszugeben.

In der *Nachfolge Detlefsens* haben noch eine ganze Anzahl von Autoren über Glückstadt geforscht und geschrieben: Karl Asmussen, Grete Athen, Wilhelm Diercks, Wilhelm Ehlers, Friedrich Glindmeier, Adolph Halling, Rudolf Hüttich, Ernst Jakobsen, Johannes Jacobsen, Gerhard Köhn, Johannes Krumm, Klaus-Jürgen Lorenzen-Schmidt, Ernst-Adolf Meinert, Doris Meyn, Franz Michaelsen, Reimer Möller jun., Karl Nissen, Wanda Oesau, Heinrich Offen, Friedrich Carl Rode, Henry Rößler, Geerd Spanjer, Heinrich Stüben, Heinz-Werner Süberling, Max Tiessen, August Vogl, Hermann Vollstedt, Hans-Peter Widderich. Auch in unserer guten alten „Glückstädter Fortuna" haben sie manche heimatgeschichtliche Arbeit veröffentlicht, so daß die Jahrgangsbände in den Archiven eine wahre Fundgrube für Freunde der Heimatkunde sind. Und hätte die Heimatzeitung nicht die köstlichen Erinnerungen an das alte Glückstadt, an die alten Glückstädter und an das Vogelschießen ihrer Kindheit von Walter Ahrens, Krischan Groot, Ferdinand Oesau und Willi Walter gedruckt, sie wären unwiderruflich verloren.

Eine Fülle von Wissen über unsere Stadt und ihre Menschen haben die Heimatforscher und Geschichtenerzähler zusammengetragen. Aus diesem reichen Schatz konnte ich schöpfen und die Ergebnisse eigener Forschungen hinzufügen. Nun hoffe ich, daß das Büchlein helfen möge, Kenntnisse über unsere Stadt zu vermitteln und ihr Freunde zu gewinnen.

Übersicht

Verzeichnis der Abbildungen

Stadtdenkmal Glückstadt — Monument einer Utopie

Am 22. März 1617 unterzeichnete Christian IV., König von Dänemark und Herzog von Holstein, die *Gründungsurkunde* für das „newe angefangene Städtlein". Zuvor mußte er 1615/16 *gemeinsam mit seinem Nachbarsouverän* Ernst III., Graf von Schauenburg, die *Wildnisse beiderseits der Rhinmündung eindeichen* lassen. Im Mittelalter hatte es hier in der Gegend schon zwei Ansiedlungen gegeben: die Stadt Grevenkroch, auch *Nygenstadt bi de Elve* genannt, und das *Kirchdorf Bole*. Bis Anfang der 1960er Jahre nahm man an, Nygenstadt hätte vor der jetzigen Uferlinie im Strombett der Elbe gelegen. Vor allem Frau Doris Meyn, Elmshorn, ist es zu verdanken, daß jetzt gesicherte Erkenntnisse über die Lage der in *Nordeuropa einmaligen* totalen, nicht wieder überbauten *Stadtwüstung* vorliegen. Vor dem Herrenfeldsdeich hat das Landesamt für Vor- und Frühgeschichte 1976 bei Probegrabungen die Kirchwarft mit dem Friedhof von Nygenstadt gefunden. Dies einmalige Beispiel einer nicht wieder überbauten mittelalterlichen Stadtwüstung wurde mit dem neuen Deich zwischen Glückstadt und Bielenberg überbaut.

An das Kirchdorf Bole erinnert der erhalten gebliebene *Gewässername Bolritt*. Ein Ritt ist ein natürlicher Wasserlauf in der Marsch. Der Name Bole ist wieder aufgenommen worden für einen neuen Stadtteil auf dem Gelände zwischen Bolritt, Kremper Rhin und Itzehoer Straße, wo das alte Bole vermutlich gelegen hat.

Zu Beginn des 15. Jahrhunderts gaben die Bewohner dieser beiden Orte ihre Wohnstätten jedoch wieder preis, denn sie vermochten sie *nicht mehr gegen die andrängende Elbe zu halten*. Das Kulturland wurde wieder zur Wildnis. Sie war Territorium von zwei Landesherren. Die Flußläufe von Rhin und Grenzritt schieden die nördliche Königliche, jetzt Blomesche von der südlichen Gräflichen, jetzt Engelbrechtschen Wildnis. „Die ganzte Gegend war nichts als eine tieffe, kotige Wüsteney oder Wildnuß." Darin wurde im Herbst 1616 die neue Stadt „afgesteken": Der Reißbrettentwurf der einzigen frühneuzeitlichen polygonalen Radialstadt im ganzen deutschen Sprachraum wurde ins Gelände übertragen.

Nicht gefühlsselige, romantische Träume haben Christian IV. zur Gründung Glückstadts bewogen, sondern ein *aus der Renaissance gebore-*

1

ner Gestaltungswille, der natürliche Gegebenheiten nachgerade vollständig ignorierte. Handfeste machtpolitische Motive des Renaissancefürsten lagen seiner Schöpfung zugrunde: Die Hafenstadt an der Rhinmündung sollte Hamburg als Handelsplatz überflügeln, die Festung am Rande der Elbe Basis sein für den Sprung über den Strom hinweg, und der Kriegshafen Stützpunkt für defensive und offensive kriegerische Unternehmungen zur See und auf der Unterelbe. Mit der Glücksburg, seinem Renaissanceschloß an ihrem Hafen, schmückte der König seine Lieblingsstadt. Zweite Residenz der dänischen Gesamtmonarchie zwischen Nordkap und Elbe sollte sie sein. Wäre es ihm gelungen, sein Territorium über die Elbe hinweg auszudehnen, hätte Glückstadt Machtzentrum in einem norddeutschen Reich des dänischen Königs sein sollen.

Doch die *Idee von der Metropole an der Unterelbe* ist Utopie geblieben. Der Gast des heutigen Glückstadt hat es nicht ganz leicht, hier außer dem *genialen Stadtgrundriß* noch Spuren der hochfliegenden ökonomischen, strategischen und machtpolitischen Absichten und des Glanzes der Residenz König Christians IV. zu finden.

Der Eingang in die Stadt

Wer Glückstadt besuchen möchte, sollte von der alten *Mutterfestung Krempe* her über den *Steindamm* kommen. Das ist die älteste Überland-Kunststraße Schleswig-Holsteins, die Krempe mit der Tochterfestung Glückstadt zu einer *Doppelfestung* verbinden sollte. Doch bei der *Belagerung 1627/28 durch die Kaiserlichen* im 30jährigen Krieg kam eine wirksame Kooperation Krempes und Glückstadts nicht zustande. Die beiden Festungen lagen zu weit voneinander entfernt, und die Belagerer zogen eine Blockadelinie zwischen ihnen, indem sie am Altendeich entlang von Ivenfleth bis Herzhorn eine Kette befestigter Stellungen anlegten. Ein gleichzeitiger Ausfall der Kremper unter ihrem Kommandanten Jürgen von Ahlefeldt und der Glückstädter unter Marquard Rantzau sollte den Sperriegel durchbrechen und die Verbindung wiederherstellen. Das Unternehmen scheiterte jedoch vor allem daran, daß zwischen den beiden Kommandanten über die große Entfernung und über die feindlichen Linien hinweg keine hinreichend präzise Abstimmung ihrer Operationen möglich war.

2

Gleich hinter der zweifachen Kurve beim „Tivoli" ist man auf altem Glückstädter Boden im Vorfeld der einstigen Festung. Hier fing der Wirkungsbereich ihrer Geschütze an. Die *Doppelkurve bewirkt eine Parallelverschiebung des Steindammes* nach links und gleicht damit einen „Zielfehler" aus: Es war nämlich nicht ganz gelungen, den Straßenbau genau auf das Zentrum der Stadt zu richten.

Nach der Durchfahrt durch das ehemalige Festungsvorfeld empfängt den Gast jetzt ein aus Klinkern gemauertes *neues Brückenbauwerk,* gleichsam der zur Empfangszeremonie gestaltete Stadteingang. Er überbrückt den Festungsvorgraben im fortifikatorisch-strategisch einst bedeutsamen, feindwärts gerichteten Scheitelpunkt seines spitzen Winkels. So ist dies Bauwerk zu interpretieren: Die frühere Festung ist jetzt eine offene Stadt. Ihr Eingang ist vom einstigen Festungstor vorverlegt an die äußerste Spitze der demolierten Verteidigungsstellungen. Früher erreichte der Ankömmling das Tor, militärisch bedingt, auf einem Zick-Zack-Weg. Nun führt ihn der Weg geradewegs über das eingeebnete Glacis und Ravelin hinweg auf die Stadt zu. Vielleicht beachtet er dabei auch die schöne Handwerksarbeit des neu verlegten Straßenpflasters.

Doch zunächst muß er noch das *Rondell* umrunden, das eine *nochmalige Feinkorrektur* des schon erwähnten Zielfehlers bezweckt. Als man 1814/16 die Festungswerke geschleift hatte und das Publikum direkt in die Stadt einlassen konnte, stellte man fest, daß trotz der erwähnten Doppelkurve die Große Kremper Straße in der Stadt und der Steindamm im Vorfeld immer noch nicht genau aufeinander zuliefen. Um auch diese Abweichung auszugleichen, ist ursprünglich das Rondell angelegt worden. Später hat man es beseitigt und die Straßen durch einen flachen Bogen aneinandergefügt. Im Zuge der denkmalpflegerischen Altstadtsanierung ist nun der ursprüngliche Zustand wiederhergestellt worden.

Im Mittelpunkt des Rondells ragt ein *Obelisk* aus rotem schwedischem Granit empor, eine Stiftung der an der Altstadtsanierung in den 1980er Jahren beteiligten Planungsbüros, Architekten und Firmen. Damit wurde nach 177 Jahren der Wunsch des hochverdienten Stadtpräsidenten Johann Ernst Seidel (1765–1832) erfüllt. Er wollte auf dieser Stelle gern ein Denkmal errichtet haben zur Erinnerung an die Festung Glückstadt und ihr Schicksal. Doch der berühmte klassizistische Baumeister C. F. Hansen, Oberbaudirektor in Kopenhagen, zeigte kein Verständnis für Seidels Wunsch. Das Denkmal würde nur das Ansehen eines Meilensteins haben, und das Schicksal Glückstadts sei nicht außergewöhnlich. Inzwischen ist jedoch die einmalige Stadtanlage als Stadtdenkmal anerkannt worden. Der Obelisk markiert dessen Eingang und erinnert an die drei städtebaulichen Hauptdaten in Glückstadts Kulturgeschichte:

– Stadtgründung durch Christian IV. 1617,
– Schleifung der Festung und Erschaffung der Anlagen durch Johann Ernst Seidel 1814/16,
– Sanierung und Restaurierung des Stadtdenkmals in den 1980er Jahren.

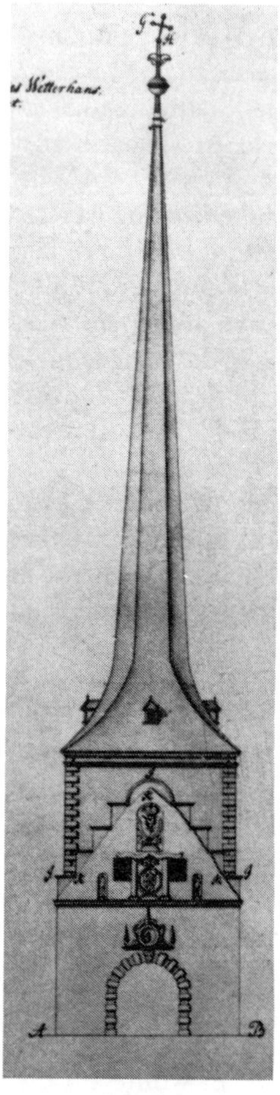

Links neben dem Bürgersteig ist der hölzerne Heimatwegweiser aufgestellt. Unter den Wappen Glückstadts und der Patengemeinde Stolpmünde geben vier Arme die Richtung an, in der die verlorene Heimat der vertriebenen Mitbürger liegt. Sein Auto stellt der ankommende Gast rechter Hand in den *Schatten der Anlagenbäume* und strebt zu Fuß dann dem Zentrum des Stadtdenkmals entgegen. Die beiden Anlagenteiche rechts und links sind bei der Demolierung der Festungswerke übriggelassene *Reste des Hauptgrabens*. Der Bahnübergang birgt unter sich die *Grundmauern des Kremper Tores* (Abb. 1). Es war „mit einem schönen Turm gezieret, welcher von außen der Stadt ein schön Ansehen machet." Die Große Kremper Straße, neu gepflastert und vom Kraftfahrzeugverkehr befreit, lädt nun wieder zum Flanieren ein, Krempern nannten das früher die jungen Leute, ehe es ihnen durch den immer mehr zunehmenden Autoverkehr fast ganz verleidet wurde.

Abb. 1   Kremper Tor, erbaut 1623.

Einst war sie die *via triumphalis* (Triumphstraße), durch die *neun Generationen dänischer Könige* viele Male als Landesherren in Glückstadt eingezogen sind. Der letzte war Christian VIII. Im Jahre 1845 empfingen ihn die Tertianer der Gelehrtenschule noch in Reih und Glied aufgestellt mit Hurrarufen. Dazu präsentierten sie ihre Lanzen mit Wimpeln in den dänischen Farben, mit denen sie sonst zu Vogelschießen exerzierten. Nach dem Erscheinen des „offenen Briefes" von 1846, der den Nationalismus der Schleswig-Holsteiner angefacht hatte, waren aus „loyalen Tertianern ganz bösartige Sekundaner" geworden, die an dem „eisig kalten Empfang des Herrschers teilnahmen", als er 1847 wieder zu Besuch kam. Sie trugen nun blau-weiß-rote Schleifen in den Farben des Aufruhrs.

Auch *hohe und allerhöchste Staatsgäste* hielten ihren Einzug durch Glückstadts via triumphalis. Als nämlich „Anno 1713 den 26. Febr. der größte *Muscovitische Czaar Peter Alexowitz* Glückstadt seiner Gegenwart gewürdiget", zog auch er „in Begleitung 150 Mann Muscowiter" durch die Große Kremper Straße in die Stadt. „Vor ihm her geritten ist ein Fürst aus Sibirien in Tigerfell bekleidet, das Rauhe außen." 75 Jahre später melden einige erhalten gebliebene Wachrapporte der Offiziere vom Dienst aus dem Jahre 1788 vom Kremper Tor am Sonnabend, dem 12. Juli: „Der Lübecker Post-Bothe um 2 ¾ Uhr durch das Cremper Thor einpaßirt", und am Sonntag, dem 20. Juli: „1. Ein Schloßer Gesell Nahmens Johann Kerting kommt von Crempe um 12 Uhr. 2. Die Lübecker gehende Post um 2 ¼ Uhr. 3. Zwey Müller Bursche Nahmens Joh. Friedr. Kraus und Johann Gottfried Rathkirch, kommen von Itzehoe um 4 ¼ Uhr. 4. Ein Schuknecht Nahmens David George Block, kommt von Itzehoe um 5 ¼ Uhr." Sie alle, Handwerksgesellen und gehende Postboten, sind zu Fuß durch die Große Kremper Straße in die Stadt einmarschiert.

Mit dem Besitzergreifungspatent König Wilhelms I. vom 12. Januar 1867 wurde Schleswig-Holstein preußische Provinz. Damit waren Glanz und Ruhm Glückstadts als Königliche Residenz und Regierungssitz endgültig dahin. Keine Monarchen zogen hier mehr durch die via triumphalis ein. Die Große Kremper Straße wurde rein bürgerlich und schließlich asphaltierter Autolärm- und Abgaskanal, bis die Altstadtsanierung sie rettete.

Als Glückstadts 375jähriges Bestehen gefeiert wurde, kam am 25. März 1992 nach 146 Jahren *einmal wieder ein Staatsoberhaupt* zu Besuch: Bundespräsident Richard von Weizsäcker.

Der Marktplatz – Zentrum der willkürlich angelegten Planstadt

Von der Marktmitte aus erschließt sich dem Beschauer das städtebauliche Kunstwerk der *polygonalen Radialstadt*. Nach der Regel des Straßburger *Stadt- und Festungsbaumeisters Daniel Specklin (1536–1589)* sind „alle Gassen von der mitten aus dem Centro durchaus" gezogen. Wer den Blick von der Nordwestecke nach rechts um den Marktplatz herum bis zur Südostecke schweifen läßt, blickt in den *Fächer der sieben Radialstraßen.* Sie sind alle gleich lang und auf die einstigen Festungswerke gerichtet, abwechselnd auf eine der vier Eckbastionen und auf die Mitte einer Kurtine, eines Wallabschnittes zwischen zwei Bastionen. Auf zwei Dritteln ihrer Länge verbindet eine Ringstraße die Radialstraßen miteinander und an ihren Enden noch einmal ein Rundweg am einstigen hinteren Wallfuß. Die Radial- und Ringstraßen bilden das Strukturschema des als Zweidrittelsechseck ausgebildeten Stadtplanes.

Nach Südwesten hin begrenzt den Marktplatz das ihm *tangential anliegende Marktfleth.* Mit seinen Baumreihen und beiderseits begleitenden Straßen zieht es eine *rigorose Schnittlinie* durch die ganze Stadtanlage und ist als Basis des Zweidrittelsechsecks zugleich die *Grundlinie der Stadtgestalt* (Abb. 2). Städtebaugeschichtlich weist die *Schnittlinie des Marktfleths* auf den *Festungsarchitekten Georg Ginther Kröl* hin. Er hat in König Christians IV. Diensten gestanden. Es wird angenommen, daß der Entwurf des Stadtplanes von ihm geschaffen oder doch mindestens beeinflußt worden ist. In seinem 1618 in Arnheim erschienenen Lehrbuch des Festungsbaus, das er dem König und Gert Rantzau, seinem Statthalter in den Herzogtümern Schleswig und Holstein, gewidmet hatte, entwickelte er den Specklinschen Entwurf der polygonalen Radialstadt fort. Vom Polygon der Stadtanlage trennte er zwei Ecken durch eine Schnittlinie ab. An diese schloß er eine Esplanade an, eine Freifläche, die der rundum befestigten Zitadelle mit dem Sitz des Fürsten als Schußfeld gegen die ihr gegenüber unbefestigte Stadt dienen konnte. Christian IV. jedoch benötigte keine seiner eigenen Stadt gegenüber wehrhafte Wohnung. Eine Zitadelle hat es in der Festung Glückstadt nicht gegeben. Über das Fleth hinweg schaut man in drei weitere vom *Marktmittelpunkt abstrahlende Straßen.*

Abweichend vom Krölschen Entwurf nehmen sie jenseits der Schnittlinie des Marktfleths das Radialsystem noch einmal wieder auf.

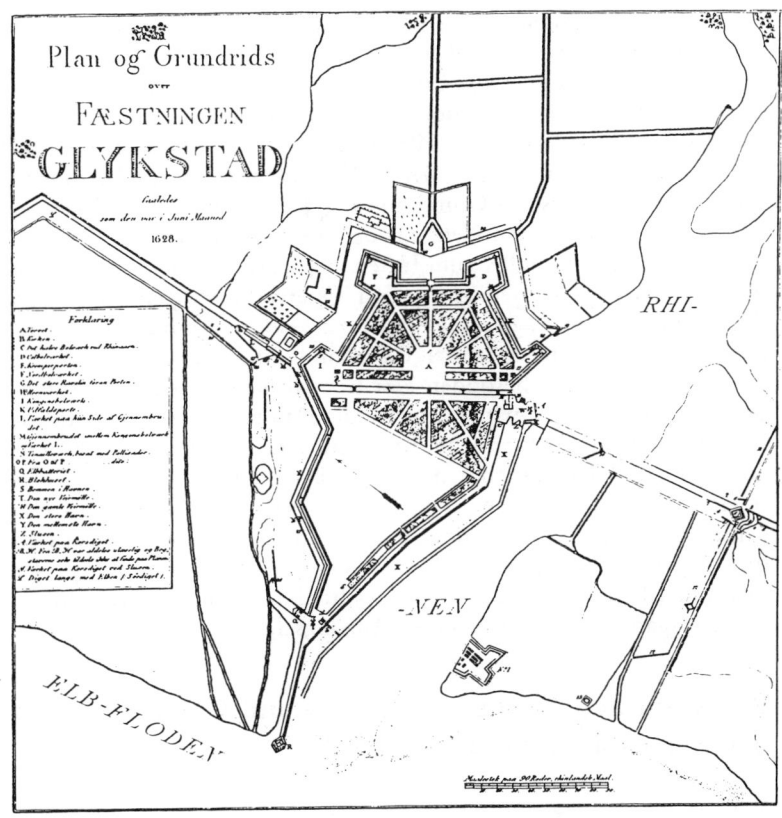

Abb. 2   Glückstadt 1628: Radialanlage, Marktfleth als Grundlinie

Jedoch nicht eine konsequente Vollendung der Sechseckskonstruktion liegt zugrunde, sondern ein Übergang zu einer topographisch und festungstechnisch bedingten anderen Bebauungsform. Diese *System-änderung* erkennt man schon von der Marktmitte aus bei der mittleren, der Schlachterstraße, an ihrer Krümmung, mit der sie vom strengen Prinzip der Linearität abweicht, das sonst das ganze Stadtbild beherrscht, und bei der rechten, der Königstraße, an ihrer Überlänge. Diese beiden und die links zum Hafen führende Große Deichstraße, gewissermaßen „Pseudoradialstraßen" und eine teilweise ausgeführte Ringstraße gliedern einen *keilförmigen Zwischenbereich*. Er wird begrenzt durch eine *zweite Schnittlinie*, die Reichenstraße. Bis hierher reicht die ursprüngliche Stadtkonstruktion der Radialstadt mit ihrer Abwandlung jenseits des Marktfleths. Die keilförmige städtebauliche Konstruktion ermöglicht die *topografisch erforderliche Richtungsänderung* für das ab 1630 mit der Reichenstraße als Grundlinie angelegte „Neue Werk". Es geriet nur zu einem kunstlosen Netz aus den Verlängerungen der „Pseudoradialstraßen", der parallel zum Hafen angelegten Namenlosen Straße und der zwischen ihnen gezogenen Querverbindungen. Eine von ihnen wurde breiter angelegt, ein *zweiter zentraler Platz* in der Stadt. Als „Jungfernstieg" hatte er in der Garnisons- und Regierungsstadt des 18. Jahrhunderts seine besondere gesellschaftliche Bedeutung. Hier fanden sich nämlich am Spätnachmittag die Damen der Gesellschaft mit ihren mannbaren Töchtern zum Korso ein, den sicherlich auch die jungen Leutnants des vornehmen Königin-Leibregiments und die Referendare der Regierungskanzlei aufsuchten. Nach dem Korso war Gelegenheit zu einem jeu de paume, einem Federballspiel im Ballhaus an der nahen Ballhausstraße. Neben der genialen Schöpfung der ursprünglichen Stadtanlage ist der Stadtteil „Das Neue Werk" jedoch nur ein planerisch anspruchsloses Anhängsel.

Rings um den Markt — Baukunst und Geschichte von der Renaissance bis heute

Wie die Regel Specklins über den inneren Ausbau der Stadt und Festung vorschreibt, steht in der Ostecke des Marktplatzes die Kirche und an der Nordseite das Rathaus. Ihm gegenüber hätte das Gouverneurspalais hingehört. König Christian IV. ließ es jedoch abweichend von der Regel für seinen Schwiegersohn Graf Pentz am Fleth errichten: das heutige Brockdorff-Palais.

Im Jahre 1642 erbauten des Königs Baumeister Steenwinckel und Titkens das *Rathaus im holländischen Spätrenaissancestil,* dem Baustil Christians IV. 1872 hat man es wegen Baufälligkeit abgerissen. Die Fassade des Neubaus ist eine Nachbildung der ursprünglichen. Interessant ist der Kompromiß zwischen dem Repräsentationsbedürfnis einerseits und andererseits dem Zwang des Radialsystems: Das in seiner Pracht breit hingelagerte Rathaus läßt zwei Radialstraßen durch Schwibbögen passieren. Ein Sandsteinrelief über der Balkontür stellt das *Wappen der Stadt Glückstadt* dar. König Christian IV. hat es am 22. März 1617 der Gründungsurkunde „beymalen" lassen: Vor blauem Hintergrund auf einer goldenen Kugel stehend, sehr schlank und jugendlich mit langem goldenen Haar, in natürlicher Farbe, die *nackte Glücksgöttin Fortuna* (Abb. 3). Sie hält mit der linken Hand eine Rah mit einem geschwellten Segel, dessen freies Ende sie mit der rechten Hand hinter sich faßt. So möge sie hier hereingesegelt kommen und die Stadt mit Glück überschütten.

Abb. 3   Ältestes Stadtsiegel mit der „Fortuna"

Anstatt der Fortuna war am ursprünglichen Rathaus das *große Wappen des Reiches Christians IV.* angebracht.

Zur Zeit des Rathausneubaus kurz nach den Kriegen von 1864, 1866 und 1870/71 konnte man noch kein dänisches Wappen an einem deutschen Rathaus leiden. Es wurde beiseitegetan. Wenn auch sich die Glückstädter Fortuna wie überall, so auch dort oben sehr gut ausnimmt, so war es doch nicht recht, das Wappen Christians und seiner Länder verschwinden zu lassen. Daher schlug Professor Detlefsen 1906 in seinem Glückstadt-Büchlein vor, den Wappenstein innen im Rathaus anzubringen. Dieser Wunsch ist ihm 1988 zum 400jährigen Inthronisierungsjubiläum des Stadtgründers erfüllt worden.

Der *Kirchturm ist Nachfolger eines ursprünglich viel höheren,* der 1648 durch einen Orkan umgeworfen worden ist. Seine eigenartige Barockform *erinnert an eine Windmühle.* Möglicherweise war sein Erbauer ein mühlenbaukundiger Zimmermeister, also ein zur Erstellung sturmfester Turmbauten besonders qualifizierter Fachmann. Von manchen wird der Glückstädter Kirchturm als etwas besonderes angesehen, sogar lustig hat man ihn schon gefunden. Der Herr Stadtpräsident von Graba hingegen mochte ihn gar nicht leiden. Er fand ihn „albern" und mußte sich während seiner Amtszeit 1864–1876 immer ärgern, wenn er aus dem Fenster seines Amtszimmers im Rathaus nach der Uhr sehen wollte. Sogar geschimpft hat er: Der Kirchturm sei „ein zu dick geratener Spargel, eine umgestülpte Pfefferbüchse". Am liebsten würde er eine Sammlung veranstalten, damit Glückstadt endlich einen vernünftigen Kirchturm bekommen könnte. Welch ein Glück für Glückstadt! – Der Kirchturmfeind wurde befördert und zog nach Kiel. Zum Andenken an ihn gibt es hier seit den 1920er Jahren eine von-Graba-Straße. Nicht nur über die Form des Turms, auch über seine Spitze kann man sich wundern: Unter der dänischen Königskrone und dem Monogramm des Stadtgründers C4 prangt dort oben auf dem christlichen Kirchturm die heidnische Göttin Fortuna.

König Christian IV. hat sie seiner Stadt als Wappenfigur verordnet, und als *oberster Bischof seiner ev. luth. Staatskirche* hat er sie adaptiert für ihre Verwendung als Glückstädter Kirchturmzier. Hier ist sie schon längst in 375jähriger Geschichte in die Gemeinde integriert. Der Glückstädter Propst Johannes Thies hielt 1958 eine plattdeutsche Rundfunkandacht: „Ünner den Toorn mit de Fortuna", und der zeitweilig Glückstädter Schriftsteller Geerd Spanjer hat über sie eine fromme Legende geschrieben: In der Heiligen Nacht schwebt sie auf den Gänsedeich hinunter. Dort wandert das Elternpaar mit dem Esel und dem frierenden Kind. Das hüllt sie in ihr Segel ein. – Auch die Glaubensgemeinschaft unserer Glückstädter Juden hat ihren Dienst beansprucht: Sowohl in ihrem Gemeinde-, als auch in ihrem Rabbinatssiegel führte sie die Fortuna.

Der *Gedenkstein rechts vom Portal* erinnert an die bisher zweitletzte Überschwemmung der Stadt durch eine Sturmflut nach einem Deichbruch: „Anno 1756 den 7. Oktober / Wie hoch durch Gottes Macht die Wasserwogen gehen, kannst du mein Leser hier an diesem Denkmal sehen". Es ist eine *Kopie des stark verwitterten* ursprünglichen. Sie ist 1983 *von einem Soldaten der Glückstädter Marinegarnison geschaffen* worden. Rechts neben der Sandsteintafel ist in 2,626 m über N.N. ein *Eisenbolzen* in die Mauer eingelassen. In den beiden Erkern außen am Turm hängen die *bronzenen Uhrschlagglocken.* Die große, 1618 von Hartwich Quellichmeier in Kopenhagen gegossen, ein Geschenk Christians IV., sagt die vollen Stunden an, die kleine, Ersatz für eine im ersten Weltkrieg zu Rüstungszwecken eingeschmolzene, die Viertelstunden, Der große *Stockanker an der Nordseite des Turms* gehörte zum *Flaggschiff der Hamburger* und wurde 1630 in der *Seeschlacht auf der Unterelbe* erbeutet. Es ging dabei um den *Glückstädter Elbzoll.* So recht verwunden haben die Hamburger ihren Ärger über diese Trophäe am Glückstädter Kirchturm lange Zeit nicht. Noch 1856 schrieb Carl Reinhardt ein klein wenig bissig: „Sonst giebt es dort nichts Merkwürdiges als einen Schiffsanker, den man am Thurm der Stadtkirche aufgehangen hat, wo er über seine verfehlte Bestimmung nachdenken kann. Diesen Anker verloren die Hamburger 1630 in einer Seeschlacht (auf der Elbe) vor Glückstadt. Vielleicht erobern die Hamburger einmal eine Kirchenglocke und hängen sie als Repressalie unter ein Schiff." Um ihre Friedfertigkeit gegenüber der Nachbarstadt zu dokumentieren, ließen die Glückstädter 1967, als sie das 350jährige Bestehen ihrer Stadt feierten, ihren Bürgermeister dem Hamburger Senat eine — wenn auch verkleinerte — Nachbildung des Ankers überbringen. Es soll damals völlige Übereinstimmung darüber erzielt worden sein, daß man sich gegenseitig niemals mehr belauern, Elbzoll abknöpfen oder überfallen, sondern einander in friedlicher Nachbarschaft beistehen und fördern wolle.

Die zwei Birken hat in den 1950er Jahren der damalige Friedhofsgärtnermeister vor die Kirchentür gepflanzt. Jetzt verdecken sie die Turmfront mehr und mehr. Sie beeinträchtigen den Anblick des ältesten erhaltenen Bauwerkes der Stadt erheblich und werten es als Kulturdenkmal ab. Durch ihren Standort im Zentrum des Stadtdenkmals in einem hervorragend bedeutsamen Blickpunkt vor einem der wichtigsten historischen Bauwerke erfahren die Allerweltsbäume hingegen eine unangemessene Aufwertung. Birken sind für die Elbmarschen untypisch. Sie sind hier erst in unserem Jahrhundert eingeschleppt worden. Leider erlauben die Stadtmütter und -väter nicht, die vor der Stadtkirche fehl am Platze befindlichen Exemplare zu entfernen. Dieser kulturkundliche Übelstand wird daher dem Stadtdenkmal erhalten bleiben, bis ein hilfreicher Nordwest die beiden Besenstrauchbäume eines Tages umwirft, hoffentlich nicht gegen den Kirchturm!

Neun Häuser rund um den Markt können noch die Geschichte der Stadt seit dem 17., dem Gründungsjahrhundert, bezeugen:

Beim *Kleinbürgerhaus Am Markt 2* ist zwar die Fassade Anfang 19. Jahrhundert im *Biedermeier* erneuert, doch im Kern ist es original erhalten. Schiefwinkeligkeit und Schräglage beweisen sein ehrwürdiges Alter. Bei der Sanierung und Restaurierung wurde eine interessante Gaststätte eingebaut und nach dem *letzten Glückstädter Grönlandfahrer auf Walfischfang und Robbenschlag* „Der kleine Heinrich" genannt. Die beiden Häuser rechts neben dem Rathaus, heute zum Gasthaus zusammengefaßt, bergen in ihrem Gebälk und Gemäuer ebenfalls eine über 300jährige Geschichte. Beim linken Gebäude sind unter dem Verputz *Reste der ursprünglichen Fassade* verborgen mit Rundbögen, den Stilmerkmalen des frühen 17. Jahrhunderts. Oben in den Giebel eingesetzt ist eine *großkalibrige Kanonenkugel* zum Andenken an die Beschießung der Festung Glückstadt während der Belagerung im Dezember/Januar 1813/14 durch die verbündeten Schweden, Russen, Preußen, Hannoveraner, Hanseaten und Engländer. Beide Giebelfronten sind nach überstandener Gelbklinkeritis im Zuge der Altstadtsanierung in den um die Mitte des 19. Jahrhunderts geschaffenen biedermeierlichen Zustand zurückgebildet worden.

Sehr repräsentativ steht links neben der Kirche mit hohem Ziegeldach *eins der vornehmsten Häuser* in Glückstadt. Der einflußreiche Erbauer durfte sogar über die Radialstraße hinweg ausgreifen, jedoch mußte sein Haus den gleichen Kompromiß eingehen wie das Rathaus und Durchlaß durch einen Schwibbogen gewähren. Die denkmalpflegerische Sanierung und Restaurierung hat die in der Fassade links noch erhaltenen Rundbögen des 17. Jahrhunderts wieder sichtbar gemacht.

Das *alte Fachwerk-Bürgerhaus* an der Ecke rechts neben der Kirche ist von seinen Besitzern schon in den 1930er Jahren restauriert worden, gleichwie das Eckhaus links von der Großen Deichstraße/Am Fleth 14. Das Äußere des Hauses Am Markt 11 ist in unserem Jahrhundert erneuert und im Erdgeschoßbereich mehrmals verändert worden. Seine ursprüngliche Gestalt ist kaum noch zu erahnen. Ähnlich ist es um das Eckhaus zur Schlachterstraße Am Fleth 18 bestellt. Hier war einst die *Münze*, in der Albert Dionis, ein portugiesischer Jude, von 1618 bis 1630 *des Königs Taler* prägte. Beim Eckhaus Am Fleth 20 links von der Königstraße ist die Vorderfront entstellt worden. Die *Bauweise der ersten Hälfte des 17. Jahrhunderts* mit ihren Rundbögen ist an der Seitenfront noch sichtbar. Wenig verändert steht gegenüber auf der anderen Seite der Königstraße das Eckhaus der *1631 gegründeten Stadtbäckerei* Am Fleth 21. Sehr elegant fügt sich das stattliche Gebäude spitzwinklig und mit hohem verwundenem Dachstuhl in die städtebauliche Situation und gibt der Einmündung der „Pseudo"-Radialstraße einen Akzent. Eine *eingemauerte großkalibrige Kanonenkugel* erinnert hier wieder an die Beschießung von 1813/14. Im Zuge der Altstadtsanierung wurde auch dies Haus restauriert.

Elf Häuser in der Runde sind als Neubauten an die Stelle beseitigter ursprünglicher Bauten gesetzt worden. Als erstes der noch vorhandenen *Gründerzeitgebäude* entstand 1878 links neben dem Rathaus das „Central-Hotel", heute mit der verblüffenden Inschrift „Christian IV. Lichtspiele". Es handelt sich jedoch nicht um des Stadtgründer-Königs Kino, sondern um zweierlei, nämlich um eine zu seinen Ehren nach ihm benannte Gaststätte und das 1906 im gleichen Hause gegründete Glückstädter Filmtheater. Hier stand einst das *Haus des spanischen Residenten* mit schön geschweiftem Giebel, zuletzt Tanz- und Vergnügungsetablissement „Apollo-Säle", bis es im Dezember 1877 abbrannte. Hier war der *Ursprung der Glückstädter katholischen Gemeinde,* denn dem spanischen Diplomaten mußte erlaubt werden, in seinem Haus katholischen Gottesdienst zu halten, zu dem auch Katholiken zugelassen werden durften, die nicht seinem Haushalt angehörten. Das Café an der Ecke Große Kremper Straße ist 1884 erbaut worden und das Schuhgeschäft Am Markt 13 um 1900.

Zwei *Eckhäuser im Heimatschutzstil* sind kurz vor dem 1. Weltkrieg von *Fritz Höger* geschaffene Bauten, das Kaffeegeschäft Am Markt 1/ Ecke Fleth und die Apotheke Am Markt 8/Große Kremper Straße. Der Baumeister selbst hat diese beiden Werke einmal als seine Jugendsünden bezeichnet.

Aus den 20er Jahren stammt das Eckhaus zur Großen Deichstraße/ Am Fleth 15, eine Art *Bauhausverschnitt.* Ursprünglich war es zement grau verputzt. Ein heller Anstrich soll es nun etwas freundlicher wirken lassen. Zwei Bauten aus jüngster Zeit, jedoch noch vor der Wirksamkeit der Gestaltungssatzung von 1987, ersetzen gründerzeitliche Gebäude, nämlich die Geschäftshäuser Am Markt 12/Ecke Große Nübelstraße und Am Fleth 19. Sie erfüllen in gestalterischer Hinsicht die zu der Zeit gültigen Vorschriften zwar formal, jedoch in unsensibler, liebloser, wenn nicht gar obstruktiver Weise. Das Café Am Markt 7/Ecke Große Danneddelstraße, das Gasthaus Am Markt 14/Ecke Fleth und das Geschäftshaus Am Fleth 17/Ecke Schlachterstraße, zeigen Bemühungen um Anpassung an die für die Stadt typische Architektur. Ausgesprochen modern gestylt ist der Wetterschutz mit öffentlichen Telefonzellen am Südwestrand des Marktplatzes.

Auf dem Platz des modernen Eckhauses Am Fleth 17/Schlachterstraße stand bis 1980 der *„Marktkrug", ein Bürgerhaus aus dem 17. Jahrhundert.* Bei dessen Abbruch barg der Museumshausmeister Peter Tietkens für das Detlefsenmuseum ein Wandpaneel und eine eiserne Kanonenkugel, die in die Fassade eingemauert gewesen war. Im alten Festungskern Glückstadts findet man noch in manchen Häuserfronten solche *Kugeln verschiedener Kaliber.* Sie sind zur Erinnerung an die schweren Tage der Belagerung und Beschießung um die Jahreswende 1813/14 eingemauert worden, als man die Kriegsschäden ausbesserte. Die Kugel vom „Marktkrug" hat einen Durchmesser von 15 cm und ist hohl. Durch ihre 2 cm starke Wandung führt ein Zündloch. Es handelt sich nämlich um eine Bombe. Ihr Hohlraum ist mit Schwarzpulver gefüllt gewesen. Im Zündloch befand sich ein Brennzünder, der vor dem Abfeuern des Geschützes angezündet wurde und die Pulverladung zur Explosion bringen sollte, wenn er abgebrannt war. Die eiserne Hohlkugel sollte dann zerplatzen und ihre in Splitter zerlegte Wandung umherstreuen. Die Bombe vom Marktkrug ist jedoch nicht geplatzt. Sie war aber auch kein Blindgänger sondern ein Ausbläser: Die Pulverladung ist mit einer Stichflamme zum Zündloch hinaus ausgebrannt. Zurückgeblieben ist eine Schicht Pulverschlacke an der Innenwand der Hohlkugel. Ehe der einstige Hausbewohner sie in die Fassade seines Hauses einsetzte, steckte er ein zusammengefaltetes Blatt Papier hinein mit *täglichen Aufzeichnungen* seiner Wahrnehmungen über *Ereignisse während und nach der Belagerung* vom 18. Dezember 1813 bis zum 14. Januar 1814. Er berichtet über Vorfeldkämpfe, das Niederbrennen von Häusern vor den Wällen, Beschießungen der Stadt mit Bomben und

Granaten, glühenden Kugeln und englischen Raketen, über das Feuern der Festungsartillerie von den Wällen und Bastionen, die Flucht von Einwohnern und über Brände in der Stadt, den Tod des Kapitäns z. S. Kruse auf der Bastion Holstein am Hafen, Parlamentäre und die Kapitulation der Festung am 5. Januar 1814, über den Abzug der dänischen Truppen mit Wehr und Waffen und fliegenden Fahnen und den Einmarsch der Schweden und der preußischen Schillschen Husaren sowie schließlich den Abzug der Schweden am 14. Januar.

Das Wahrzeichen in der Mitte

„Ein unwahrscheinlich schönes Werk" nannte ein sachkundiger Gast, der die „nicht alltägliche hübsche Stadt" besucht hatte, den *klassizistischen gußeisernen Kandelaber* mitten auf dem Glückstädter Marktplatz. Der Kaufmann, Reeder und Fabrikant C. W. Löhmann hat ihn 1869 seiner Vaterstadt geschenkt. Geschaffen hat ihn Friedrich Wöhlert, Berlin. Sehr wahrscheinlich gehen Formensprache und Gestalt des Kunstwerks auf *Ideen Karl Friedrich Schinkels* zurück, denn Wöhlert und Schinkel haben gemeinsam einem Gesprächskreis angehört. „Eine Einzelheit indessen rührt eindeutig von Schinkel her, nämlich die Adler", hat ein kompetenter Sachkenner mitgeteilt. Im Laufe der Zeit hatten Korrisionsschäden den Kandelaber arg mitgenommen. Daher wurde er 1985 restauriert. Als er dazu für längere Zeit in die Werkstatt gegeben werden mußte, haben ihn die Glückstädter sehr vermißt. So kam es, daß sie ihn mit einem Volksfest begrüßten, als er wieder als Wahrzeichen in der Mitte ihres Marktplatzes stand.

Unter dem Kandelaber befindet sich noch die vom ehemaligen Festungsgraben her gespeiste *Zisterne des Marktbrunnens* (Abb. 4). Im 18. Jahrhundert ist er durch ein kleines achteckiges zeltförmiges Bauwerk überdacht gewesen. 1810 wurde ein hübsches Brunnenhäuschen mit Säulenumgang, Ziegeldach und Kuppelgestänge errichtet. 1869 war es baufällig geworden und wurde abgerissen.

Place d'armes — Marktplatz — Forum

Seiner ursprünglichen Zweckbestimmung gemäß war der zentrale Platz der Festung Glückstadt vor allem eine *Place d'armes: Appell-, Exerzier- und*

Abb. 4   Marktbrunnen

Paradeplatz der Besatzung und der vier Bürgerkompanien, im Verteidigungsfall Alarmplatz und Bereitstellungsraum der Reserven. In der Nordwestecke stand die *Hauptwache* (Abb. 5). Hier liefen jeden Mittag die militärischen Zeremonien der Vergatterung und des Wachaufzuges ab. Nach dem Sonntagsgottesdienst konzertierte hier das Musikkorps des Dänischen Königin-Leibregiments. Die Tradition des Glückstädter Marktplatzes als Place d'armes lebt fort in gelegentlichen feierlichen Aufzügen der heutigen Marinegarnison zu Gelöbnissen und Vereidigungen.

Noch ein Ereignis entwuchs der Tradition der Place d'armes: Einmal im Jahr wird der *Marktplatz vom Vogelschießen beherrscht*. Am letzten Wochenende vor den Sommerferien feiern die Glückstädter Schulkinder ihr Fest, das seinen Ursprung in den Gebräuchen der Bürgerlichen Brand- und Schützengilde und des Bürgermilitärs hat. Zu Festungszeiten marschierten zur Pfingstzeit hier die Bürgerkompanien auf, um zum jährlichen Preisschießen auszurücken. Schon vor langer Zeit haben dann die Kinder diesen Brauch übernommen. Sie verwandelten

16

Abb. 5 Hauptwache in der Nordwestecke des Marktplatzes

die martialische Bürgerpflicht der Väter in ein Spiel und versammeln sich seitdem auf dem Markt zu ihrem Fest, das in dieser Stadt als das höchste gilt: „Butenglückstädter" eilen von nah und fern herbei, und „ganz Glückstadt ist auf den Beinen". Dreimal wird am Tag des Vogelschießens mit dem Glockenschlag vom Marktplatz abmarschiert: früh um sechs zum Weckruf, morgens um acht zum Wettstreit um die Königs- und Kaiserwürden und nachmittags um zwei zum Festumzug durch die Stadt zum Tanz in den Festlokalen. Einen abschließenden Höhepunkt findet dies Hauptfest des Glückstädter Kalenders, wenn abends die Kinder wieder zum Markt zurückmarschieren. „Eine Stimmung wie in Frankreich am 14. Juli!" fand einmal ein ortsfremder Journalist.

Zu Festungszeiten waren die *bürgerlichen Nutzungen des Marktplatzes* den militärischen zwar untergeordnet, doch Verkauf und Kauf von Waren und Gütern, also Markt im eigentlichen Wortsinne, findet mit königlicher Erlaubnis seit 1624 auch heutzutage noch immer statt, nämlich dienstags und freitags vormittags *Buttermarkt* und zweimal jährlich, nämlich Anfang Mai und Anfang September Jahrmarkt.

Ein *Forum als Stätte der Bürgerbegegnung* und in alten Zeiten auch der Justiz ist der Marktplatz von Anfang an. Hier traf man sich beim Gang zum Marktbrunnen in der Mitte des Platzes, wo jetzt der Kandelaber steht. Hier lief man zusammen, um bei öffentlichen Hinrichtungen dabeizusein. Am Rathaus stand der *Schandpfahl,* an dem die Missetäter angeprangert wurden. Er wurde 1848 entfernt. Die beiden zugehörigen Halseisen verwahrt das Detlefsenmuseum. Wenn der König oder ein Mitglied seines Hauses nach Glückstadt zu Besuch kam, versammelten sich hier die Bürger und jubelten brav.

Volksversammlungen kennt der Marktplatz wohl erst seit dem allmählichen allgemeinen Erwachen demokratischen Bewußtseins. Vielleicht war dies die erste: Am 24. März 1848 war um zehn Uhr der Marktplatz schon „von einer dichten Menge Civilisten und Militairpersonen angefüllt". Auch die Schüler der Gelehrtenschule kamen hinzu. Rektor Horn hatte ihnen Schulfrei gegeben. Da erschien auf dem Rathausbalkon der Glückstädter Postmeister Oberstleutnant a.D. Fabricius. Er hatte seine phantastische hellblaue griechische Uniform angezogen, das Kommandeurkreuz und den Stern des griechischen Erlöserordens und das silberne Philhellenenkreuz angelegt und seinen Mameluckensäbel umgeschnallt, denn er hatte im Befreiungskrieg der Griechen gegen die Türken mitgekämpft. Nun proklamierte er die *Schleswig-Holsteinische Erhebung* und rief die provisorische Regierung aus, worauf die Volksmenge mit „brüllendem Hurrah" antwortete. Die Gelehrtenschüler besorgten schnell Malzeug und machten die Soldaten der Hauptwache zu Schleswig-Holsteinern, indem sie ihnen einen blauen Fleck in die rot-weiße dänische Kokarde tupften.

Bei *Ausbruch des 1. Weltkrieges* versammelten sich hier die Bürger in zwei Gruppen: Die einen sangen vor der Steinburg-Apotheke, begleitet von einem dort auf dem Balkon postierten Trompeter, „die Wacht am Rhein", die anderen vor dem Hinzschen Haus rechts neben dem Kirchplatz die Internationale.

Am 11. November 1918 *verkündeten Obermaat Martz vom Arbeiter- und Soldatenrat und Bürgermeister Brandes auf der Rathaustreppe die Republik.* Die versammelten Glückstädter stimmten zunächst in das vom Bürgermeister auf das „teure deutsche Vaterland" und dann in das vom Arbeiter- und Soldatenrat auf die „soziale Republik" ausgebrachte Hoch ein. In der Zeit der Weimarer Republik bewährte sich der Glückstädter Marktplatz als Aufmarschplatz gleichermaßen für Großveranstaltungen des kommunistischen Rotfrontkämpferbundes, des republikanischen Reichsbanners und der nationalsozialistischen SA und SS. Die Teilnehmer riefen je nach ihrer politischen Überzeugung „Rotfront!", „Freiheit!" oder „Deutschland erwache!"

Am 13. März 1933 verbrannten Stahlhelm- und SA-Formationen hier die vom Rathaus heruntergeholte schwarzrotgoldene Flagge und hängten dafür die schwarzweißrote und die Hakenkreuzflagge heraus. Zuschauende Arbeitslose hatten die Hände in den Hosentaschen. In den folgenden zwölf Jahren reihten sich die *Kundgebungen auf dem Marktplatz laufend aneinander.* „Fommatschoun stillstann! – Fahnen houch! – Links un rechs um!" kommandierte der SA-Sturmbannführer und „Standortälteste" in seiner eigentümlichen Weise. Die Volks- und Parteigenossen standen stramm und riefen „Sieg Heil!"

Mit dem 5. Mai 1945 *hörte der Mißbrauch durch die Nazis auf.* Auf dem Glückstädter Marktplatz fand die letzte NS-Veranstaltung statt: Der Bürgermeister und kommissarische Ortsgruppenleiter der NSDAP, noch trug er sein goldenes Parteiabzeichen, gab die bedingungslose Kapitulation bekannt. Die Mehrheit der versammelten Volksgenossen atmete auf.

Bereits zum Brauchtum geworden ist die *Eröffnung der Glückstädter Matjeswochen* mit der Matjesprobe auf dem Marktplatz. Logger, die hier in den Hafen einlaufen und an der Fischereibrücke festmachen, gibt es nicht mehr. Früher wurde die Matjesprobe an Bord des als ersten der Saison Mitte Juni eingelaufenen Loggers vollzogen. Heutzutage wird sie auf dem Marktplatz vorgenommen. Der Fischermeister öffnet das erste Kantje, das ist ein Heringsfaß, und reicht dem Bürgermeister und einem Mitglied der Landesregierung einen Matjeshering. Mit einem Biß in dessen Rücken stellen diese beiden die Qualität fest und bezeichnen dieselbe als „Vorzüglich!" Mit dieser Matjesprobe eröffnen sie zugleich ein mehrtägiges Volksfest, das sich von Jahr zu Jahr steigender Beliebtheit erfreut und bereits über den Marktplatz hinauswächst in die Radialstraßen und in die Flethlinie hinein. Das Fest der Matjesprobe hat den Glückstädtern und ihren auswärtigen Gästen Lust gemacht zum Feiern auf dem Marktplatz, so daß sie mit der Zeit mehr und mehr Ideen hervorgebracht haben, was man sonst noch alles im Laufe der Jahreszeiten auf dem Markt und in seinen abstrahlenden Straßen feiern kann.

Beim Kandelaber, unter der großen Kastanie in der Nordwestecke und an den Fleth-Ufern im Marktbereich *treffen und versammeln sich gern*

die jungen Leute, ähnlich wie in romantischen Zeiten unter der Dorf-
linde. Unser Zeitalter degradierte zunächst den Marktplatz: Er wurde
„besinnungs- und erbarmungslos autovandalisiert und zugeblecht", bis
ihm die Altstadtsanierung nun seine Würde als „ästhetisch wirksamer
Raum" zurückgegeben hat.

Eine vornehme Zier und Ehr, auch ein necessarium einer wohlbestellten Stadt: Das Rathaus

„Anno 1640 Mense Martia" ließ der Gouverneur Reichsgraf Christian
von Pentz dem Bürgermeister und Rat, den „Achte Mennern" (Vertre-
tern der lutherischen, deutschen Bürger) sowie den Deputierten der
holländischen (reformierten) und portugiesischen (jüdischen) Nation
durch seinen Sekretär im Namen des Königs mitteilen, die (1617
gegründete) Stadt sei nun in „zimblichem Stande". Es fehle jedoch
noch ein Rathaus, „welches aber nicht alleine eine vornehme Zier und
ehr, sondern auch ein ein necessarium (Notwendigkeit) einer wol
bestelten Stadt wehre." Bürgermeister, Rat und „semptliche Bürgerschaft aller drei Nationen" (die Deutschen, Niederländer und Portugiesen) wurden aufgefordert zu überlegen, wie dies Rathaus zu bauen und
wie die erforderlichen Mittel aufzubringen seien. Die Bürgerschaft
schlug vor, eine Abgabe nicht nur von den Hauseigentümern, sondern
auch von den zur Miete Wohnenden sowie von den später Zuziehen-
den zu erheben. Der König war bereit, zu den mit 4000 Reichstalern
veranschlagten Baukosten 1000 Rtl. zuzuschießen. Die bürgerlichen
Gremien wollten auch 1000 Rtl. aufbringen und erinnerten daran, daß
„die ganze gemeine freywillig und ohne einige Schuldigkeit, bloß aus
Liebe zu Ihrer Majestät und dieser gueten in Schulden vertifften Stadt"
diese Last auf sich nehmen würde. Falls die von der Accise auf fremde
Biere und Weine Befreiten hierzu künftig herangezogen würden, stün-
den jährlich weitere 500 Rtl. zur Verfügung. Wenn aber die zwangs-
weise Einquartierung der „Soldateska" abgeschafft und die freiwillige
Einquartierung wieder eingeführt würde, wollte sich die Bürgerschaft
zu 2000 Rtl. verpflichten. Das weitgehende Entgegenkommen der Bür-
gervertreter drückt sicherlich nicht allein die Gutwilligkeit der Glückstädter aus. Vielmehr wirkte hier wohl die Autorität des gestrengen
Gouverneurs von Pentz in starkem Maße.

Inzwischen hatte sich der Kostenvoranschlag auf 5000 Rtl. erhöht. Die ohnehin mit Abgaben und Einquartierung am stärksten belastete unprivilegierte evangelisch-lutherische Bürgerschaft beklagte sich über die Bevorzugung der priviligierten fremden Nationen, die auf 25 Jahre von allen Kontributionen befreit wären. Die Lutherischen hingegen hätten allein für die Unterbringung der Offiziere jährlich 1000 Rtl. aufzubringen. Geld auf Zinsen bekäme die Stadt nicht, solange sie ihre alten Schulden nicht bezahlte. Man möge sich mit dem Bau gedulden, bis die Lage der Stadt sich mit Gottes gnädigem Segen verbesserte, oder Ihre Königliche Majestät möge geruhen, das Rathaus selbst zu bauen und es dann an die Bürgerschaft zu vermieten.

Zwei Jahre wurde noch gefeilscht und gehandelt. Besonders taten sich die Niederländer hervor, sich möglichst einer Beteiligung an den Kosten zu entziehen. Die portugisischen Juden hingegen zeigten sich kulant. Schließlich stand am 26. August 1642 endgültig fest: Die Bevölkerung hatte für den Rathausbau 2000 Rtl. aufzubringen. Dafür sollten die „Teutschen Evangelischen" künftig für die Einquartierung der Gemeinen bezahlt werden und von der Pflicht zur Zahlung von Verpflegungsgeld für die Offiziere verschont bleiben. Die Priviligierten hatten für zwei Jahre Bier- und Weinsteuer zu bezahlen, und die steuerfreien königlichen Offiziere, Beamten und fremden Nationen wurden zu freiwilligen Spenden aufgefordert. Sie brachten 293 Rtl. zusammen. Der Gouverneur Graf Pentz stiftete 50 Rtl. Weitere Zuwendungen sind nicht nachweisbar. Der im wesentlichen von den evangelisch-lutherischen Bürgern der Stadt, der „Teutschen Nation" aufgebrachte Anteil in Höhe von 2000 Rtl. ist beachtlich. Allerdings wurde der größte Teil der Gesamtkosten, die sich schließlich auf fast 9000 Rtl. beliefen, aus königlichen Kassen bezahlt.

Noch im Jahre 1642 begannen die *Baumeister Willem Steenwinkel und Gebert Titken* mit dem Bau, der am 13. Oktober 1643 abgenommen und am 9. Dezember 1643 an Bürgermeister und Rat übergeben wurde. Errichtet ist der Glückstädter Rathausbau (Abb. 6) im Stile der holländischen Spätrenaissance, der auch Christians IV. Stil genannt wird: ein zweigeschossiger Backsteinbreitbau mit Kellergeschoß, zwei Zwerchhäusern mit geschweiften Giebeln und einem flach geschweiften Mittelgiebel, ursprünglich einem Treppenturm an der Rückfront (bald wieder verschwunden), doppelläufiger Freitreppe, einem Altan mit kunst-

Abb. 6.   Das Rathaus kurz vor dem Abriß

voll geschmiedetem Gitter, 82 lilienförmigen Mauerankern, zwei
Schwibbögen (um die Radialstraßen durchzulassen), Gesimsen, Pfei-
lern, Giebelrändern, Fensterbekrönungen und -laibungen, Akroterien
und Portalen aus Sandstein. Über dem oberen Portal wurde Christians
IV. großes Staatswappen angebracht und auf dem mittleren Giebel eine
Statue der Wappenfigur Glückstadts, der Fortuna, aufgestellt. Der
Schlußstein über dem Hauptportal ist ein Neidkopf. Er ist als Zungen-
blecker ausgebildet und soll Unheil und böse Geister abwehren.
    Das *Raumprogramm* enthielt den Ratsweinkeller, die Diele, wo die
Gewehre des Bürgermilitärs in sieben Reihen aufgestellt waren, vier
Stuben für die Verwaltung, nämlich außer einer unbenannten die
Gerichtsstube, die Achtbürgerstube und die Stube, „wo die Arrestanten
sitzen". Zwei Schulstuben wurden für die *Stadtschule* eingerichtet. Zum
großen Saal im Oberstock führte im 18. Jahrhundert nur eine schmale
Treppe hinauf, vermutlich als Ersatz für die mit dem Abbruch des
ursprünglichen Rathausturms weggefallene Wendeltreppe.

Dem Rathaus erging es wie anderen wichtigen Gebäuden Glückstadts aus dem 17. Jahrhundert: Sie waren *ohne hinreichende Gründung* auf den *nicht tragfähigen Marschboden* gestellt worden und daher nicht standfest. Wegen Baufälligkeit wurde das Rathaus abgerissen. 1872/74 errichteten die Architekten Hallier und Fitschen aus Hamburg ein neues, dessen Fassade sie der des alten nachbildeten. Der Sandsteinzierat und das Balkongitter sind dabei wiederverwendet worden. Beim alten Rathaus waren die Zwerchgiebel ohne Rücksicht auf die darunterliegenden Fensterachsen etwas nach links und rechts außen angeordnet. Beim Neubau wurden sie mehr zur Mitte hin in die Achsen gerückt. Dadurch wirkt der Schweifgiebel in der Mitte bedrängt und erscheint oder ist tatsächlich höher als beim alten Vorbild. Ihn krönt ein kunstgeschmiedeter Zierat mit vergoldeten Rosetten anstatt der Fortuna-Statue, die schon seit der Mitte des 19. Jahrhunderts fehlte. Es gibt jetzt *nur noch 26 Lilienanker* an der Vorderfront. Die Rückfront ist *in fabrikhaft öder Weise* aufgemauert. Das Obergeschoß ist im Vergleich mit dem ursprünglichen Bau „etwa um einen Fuß (− nicht mehr? −) erhöht".

Beim Neubau brachte man das Stadtwappen mit der Fortuna über der Balkontür an. Das *große dänische Reichswappen Christians IV.* (Abb. 7), das diesen Platz beim alten Rathaus einnahm, war lange Jahre beiseitegelegt. Es hat endlich 1988, im 400. Jahr nach der Thronbesteigung Christians IV. seinen Ehrenplatz innen im Rathaus im Treppenspiegel gegenüber der Eingangstür bekommen.

Von einem dichten Lorbeerkranz umgeben stellt es im Herzschild und in den 13 Nebenwappen die Herrschaftsansprüche Christians IV. dar:

Drei Löwen und neun Herzen: Dänemark,
Löwe mit gebogener Hellebarde: Norwegen,
drei Kronen: Schweden/Kalmarer Union,
Löwe und neun Herzen: König der Goten,
Drache: König der Wenden,
Lamm mit Banner: Insel Gotland,
gekrönter Fisch: Island,
zwei Löwen: Herzogtum Schleswig,
Nesselblatt mit drei Nägeln: Herzogtum Holstein,
Schwan mit Krone um den Hals: Grafschaft Stormarn,
Ritter auf springendem Pferd: Dithmarschen,

Abb. 7 Wappenstein

zwei waggerechte Balken: Grafschaft Oldenburg,
Kreuz: Grafschaft Delmenhorst,
Adler: Insel Ösel.

Dem Gesamtwappen ist ein Kreuz unterlegt, an dessen unterem Arm
das Kleinod des Elefantenordens angehängt ist.

Die *innere Gliederung des neuen Gebäudes* ist gegenüber dem alten völlig verändert. Die einzelnen Räume sind unten und oben um ein geräumiges Treppenhaus angeordnet. In den Oberstock hinauf führt eine dreiläufige Treppe aus gemeinsamem Antritt, Absatz und zwei Armen. An der Rückwand des oberen Flurs hängt ein Gemälde, das den Oberst Marquard von Pentz zu Pferde darstellt und als das *größte monumentale barocke Reiterbild* im Lande gilt. Der Gouverneur der Festung Glückstadt 1630–1648 Christian von Pentz, hat es zum Gedenken an seinen in der

Schlacht bei Lutter am Barenberge tödlich verwundeten Vater malen lassen. Diesem Bild gegenüber befindet sich die *Gedenkstätte für die Opfer der Gewalt und des Krieges* 1933–1945. In einem täglich umgeblätterten Buch sind hier die Toten nach ihren Geburtstagen kalendarisch verzeichnet. Weiterhin findet man im oberen Treppenflur ein großes Ölgemälde des im vorigen Jahrhundert *namhaften Malers aus Glückstadt, August Schenk* (1828–1901), „Schneesturm in den Pyrenäen". Ein *Porträt des Stadtgründers* in Öl aus dem 17. Jahrhundert (Kopie nach Karel von Mander, dem Hofporträtisten Christian IV.) ist von seinem guten Platz links neben der Tür zum Sitzungssaal umgehängt worden, in eine untergeordnete Position neben dem kolossalen Reiterbildnis seines Gefolgsmannes und Freundes. Dem muß er nun auch noch den Rücken zuwenden. Statt des Porträts nach K. v. Mander hängt an seinem Platz nun ein *modernes Werk* des Glückstädter Malers Hans-Peter Wirsing, das König Christian IV. zu Pferde im Schlachtengetümmel darstellt. Es hat den Titel: „Es ist nicht alles Gold, was König" und soll darauf hinweisen, daß der Dänenkönig „aus einem kritischen Blickwinkel" gesehen wird — wieso, aus welchem Anlaß und mit welchem Recht, ist fraglich. Eine Ehrentafel erinnert an die *im 2. Weltkrieg gefallenen Glückstädter freiwilligen Feuerwehrleute.*

Während im unteren Geschoß heute die Büros des Hauptamtes liegen, findet man im Oberstock das Vorzimmer und Dienstzimmer des Bürgermeisters, Sitzungszimmer des Magistrats, Sprechzimmer des Bürgervorstehers, Trauzimmer und den Sitzungssaal der Stadtvertretung. Zu Beginn unseres Jahrhunderts hingegen befanden sich im Untergeschoß die Wohnungen der beiden Polizeisergeanten. Neben den Büros der Verwaltung beherbergte das Rathaus um 1895 in drei Zimmern noch einige Jahre die Altertümersammlung der Elbmarschen, das heutige Detlefsenmuseum. Wegen des ständig wachsenden Raumbedarfs, — Sozialamt und Bauamt waren schon anderswo in der Stadt untergebracht worden, — ist 1972/73 an die Rückfront des Rathauses ein *Anbau angefügt* worden, der 1984/85 nochmals erweitert und umgebaut wurde. Bei Umbau und Erweiterung 1984/85 wurden Fehler im Hinblick auf die städtebauliche Gesamtsituation berichtigt: Auf das Flachdach, das die Dachlandschaft der Innenstadt störte, kam ein Ziegeldach, und am Großen Schwibbogen wurde durch einen Säulenvorbau die Einordnung in die Bauflucht hergestellt, denn seit Gründung der Stadt gilt strikte Linearität als Gestaltungsprinzip.

„Anno 1618 is de Kercke tho buwen angefangen"

In den Jahren 1618 bis 1623 wurde die ev. luth. Stadtkirche erbaut. Sie war *ursprünglich einschiffig,* ihr *Turm recht viel höher* als der jetzige. Ihr Name diente zur Unterscheidung von der zweiten ev. luth. Kirche in der Stadt, der Schloß- und Garnisonkirche, die jedoch bereits bald nach 1700 zusammen mit dem königlichen Schloß Glücksburg am Hafen wegen Baufälligkeit wieder abgebrochen werden mußte.

Am Allerheiligentage 1619 fand der erste Gottesdienst in der Stadtkirche statt, so daß 1994 das 375jährige Jubiläum der Kirchenweihe gefeiert werden konnte. Am 14. Februar 1648 *warf ein Orkan den Kirchturm um,* der auf das Kirchenschiff stürzte und es sehr beschädigte. Zwei Wochen später starb König Christian IV.

Wieviel und ob überhaupt etwas von der alten Bausubstanz in den Neubau um 1650/51 einbezogen worden ist, wissen wir nicht. Hinzugefügt ist der südlichen Anbau, der *noch heute „Die Neue Kirche" genannt* wird. Durch das Seitenschiff bekam die Kirche einen unsymmetrischen Grundriß, verwunderlich für ein Gebäude der Barockzeit. Geht man außen um die Kirche herum, erkennt man jedoch auch in der Nordmauer zwei Arkadenbögen angelegt wie zwischen Haupt- und Nebenschiff. Hieraus kann man schließen, daß ein weiterer Anbau nach Norden vorgesehen gewesen sein muß. Wäre er ausgeführt worden, hätte die Kirche Kreuzform bekommen und einer im 17. Jahrhundert geübten Bauweise entsprochen, wie z.B. die Christkirche in Rendsburg (1694–1700). Eigenartig für eine evangelische Kirche mutet die *Abgrenzung des Chores von der Gemeinde* an durch das ursprünglich fest eingebaute lettnerartige Chorgitter. Erst bei der Restaurierung um 1960 wurde es schwenkbar gemacht.

Man könnte vermuten, die Kirche sei ursprünglich katholisch gewesen. Doch das ist nicht der Fall. Die Stadtkirche zu Glückstadt ist der *erste nachreformatorische Gemeindekirchenbau* im Lande. Man hatte noch keine eigenen Vorstellungen vom Bau und von der Gestaltung einer evangelischen Kirche entwickelt und hielt sich daher an altüberlieferte Gewohnheiten.

Der *Altar* aus geschwärztem Sandstein, rotem Marmor und Alabaster von 1695, dem Hamburger Bildhauer Hinrich Röhlke zugeschrieben, zeigt die vier Evangelisten seitlich am Aufbau, den triumphierenden Heiland als Bekrönung, das Gemälde einer Gethsemaneszene von

26

H. Schulz 1836 und eine Leichenpflege von 1752. Er hatte einen Vorgänger von 1662, der nach Rendsburg verkauft und dort in der Christkirche aufgestellt worden ist.

Die beiden *Messingleuchter auf dem Altar* stiftete 1623 Bürgermeister Wichboldt von Ancken. Ein Paar silberner Altarleuchter, das nur an hohen Feiertagen benutzt wird, schenkte 1698 der Bäckermeister Drewes. Geschaffen hat dies Leuchterpaar der Glückstädter Goldschmied Jacob Klüver.

Das *kunstgeschmiedete Altarkreuz* mit dem Bergkristall im Schnittpunkt der Kreuzesarme schuf der Glückstädter Schlossermeister Erhard Gast.

Die hölzerne *Taufe, 1641 von J. Schneiter, Glückstadt,* mit dem von einer Laterne gekröntem Taufdeckel hat die Zerstörung des ersten Kirchengebäudes 1648 überstanden.

Die *Kanzel* mit Christus- und Apostelfiguren ist *wahrscheinlich ein Werk des Georg Kriebel,* auch Krüwel, um 1640/50. Sie ist seinen Kanzeln im Bremer Dom und in Otterndorf sehr ähnlich, in Einzelheiten jedoch unter seinem Niveau. Er lebte in Glückstadt als Kgl. Hofbildhauer und war mit der Ausstattung des Kgl. Schlosses vielfältig beschäftigt.

Nachdem die *Schloß- und Garnisonsgemeinde* um 1700 beim Abbruch des Schlosses ihre Kirche verloren hatte und mit in der Stadtkirche unterkommen mußte, wurden die umlaufenden *Emporen eingebaut.* Sie sind mit 105 Gemälden zur biblischen Geschichte geschmückt, beginnend in der Südostecke der Neuen Kirche mit der Darstellung der Schöpfung, umlaufend bis zur Himmelfahrt über der Kanzel. Über den Bildern ist jeweils die dargestellte Textstelle angegeben, innerhalb des Hauptschiffes außerdem der Stiftername als Unterschrift. Nicht unterschriebene Bilder im Seitenschiff sind wahrscheinlich gemeinsame Gaben weniger betuchter Gemeindeglieder. J. Hertzberg, der auch ein Bild gestiftet hatte, machte den Küster Angelus Peters dafür verantwortlich, daß sein Name unter den Judaskuß (4. Bild nach dem Südostfenster im Altarraum) gesetzt worden war und verklagte ihn. Der Küster mußte daraufhin 12 Taler an die Kirche zahlen. Darüber hinaus kostete ihn sein Advokat noch 4 Taler.

Das *Chorgitter mit dem kunstvollen Schmiedeeisenornament* über den schweren Messingdocken haben 1706 der Brauer und Kirchenjurat

Klaus Hasse und seine Frau gestiftet. Vermutlich gab es die lettnerartige Trennung zwischen Chor und Gemeinde auch schon vorher. Das *Triumphkreuz,* wohl 2. Hälfte 17. Jahrhundert, wird umrahmt von Meerjungfrauen und Evangelistensymbolen an den Enden der Kreuzarme.

Eine Besonderheit ist die *Dornenkrone aus einem von Plankennägeln durchstochenen Stück Schiffstau* und ist so zu deuten: Hätte das biblische Geschehen in unserem Land stattgefunden, wären hier gebräuchliche Materialien als Folterwerkzeuge verwendet worden.

Nachdem die Vorgängerin nach Bramstedt verkauft worden war, erhielt die Kirche um 1660 eine schöne *Barockorgel,* erbaut vom Glückstädter Orgelbauer Bernd Hueß unter Mitwirkung seines Vetters Arp Schnitger, der bei ihm das Orgelbauerhandwerk erlernte. Die „Hueß-Schnitger-Orgel" wurde leider 1881 für so schadhaft befunden, daß man sie abtrug. Ihren Prospekt verkaufte man an die Kirche in Burg auf Fehmarn. Die neue, *romantische Orgel* tat bis 1962 ihren Dienst. Dann baute die Firma Kemper, Lübeck, die jetzige Orgel, die vierte in der Geschichte der Stadtkirche.

Diese Gemälde sind in der Kirche aufgehängt:
Eine Beweinung aus der 1. Hälfte des 16. Jahrhundert, 1756 gestiftet;
eine Kreuzigung Mitte 16. Jahrhundert, niederländisch;
Christus am Kreuz mit trauernder Maria Magdalena, P. P. Rubens-Schule;
Zinsgroschen, Mitte 17. Jahrhundert, holländisch;
Jesus und die Sünderin von H. Helbick, Glückstadt 1726;
aus unserem Jahrhundert zwei Werke des Glückstädter Malers Max Kahlke (1892–1928): Grüner Christus 1921 und Marienklage 1928.

Die *unvollendet gebliebene Marienklage* dient der Erinnerung an die Kriegstoten 1914/18 und 1939/45. Nach 1933 war das Bild zunächst als „entartete Kunst" bezeichnet worden. Die damaligen Kulturfunktionäre konnten jedoch umgestimmt werden und erlaubten, das Gemälde weiterhin der Öffentlichkeit zu zeigen. Es sollte aber aus dem Zusammenhang mit der Kriegerehrung gelöst werden, denn hierzu sei es nicht geeignet, weil unheroisch. Auch das konnte abgewendet werden, so daß das Gemälde während der ganzen zwölf Jahre der Naziherrschaft an seinem Platz geblieben ist.

Am Pfeiler zwischen den Arkadenbögen hängt im Hauptschiff das *Epitaph des ersten Bürgermeisters* von Glückstadt. Die Gedenkinschrift ist plattdeutsch: „Anno 1625 hefft der Ehrbar Wolwise Wichboldt von Ancken, der erste Borgemeister in der Glückstadt ditt Epitaphium Gade und der karcken tho Ehren laten Stofferen sines Olders 51 Jahr." Ancken (1574–1629) kam aus Krempe. Dort war er Kornhändler gewesen. Das große Ovalbild stellt ihn und seine beiden Frauen knieend vor dem Gekreuzigten dar.

Vor der Orgel an der Südwand hängt das *Epitaph Johann Meyers,* eine Darstellung der Offenbarung in einem kunstvoll reichgeschnitzten Eichenholzrahmen und einer Gedenkinschrift mit humorigem Einstieg:

„Hier ruht zwar Joseph von Arimathia nicht,
Herr Johann Meyer ist's dem Stadt und Land nachspricht,
Dass er ein frommer Mann und Herr des Rats gewesen,
Der nie gewilligt hat in bösen Rat und That,
Erwartend Gottes Reich und wandelnd Jesus Pfad,
Bis er an Seel und Leib auf einmal ist genesen.
Des trösten sich die sonst betrübte Witw' und Erben,
Geneigt, wie sie mit ihm gelebt, auch so zu sterben."

Sein Grabmal mit dem lobenden Text hat sich Hinrich Meyer schon zu seinen Lebzeiten herstellen lassen: Sein Sterbejahr 1691 ist nachgetragen worden. Er war Seiden- und Lakenhändler und als Ratsherr sowie in der Führung der Brand- und Schützengilde maßgeblich am bürgerlichen Gemeinschaftsleben beteiligt. Sein Haus steht noch am Ende der Großen Deichstraße als Gaststätte „Zur alten Oper".

In der Neuen Kirche hängt am Pfeiler das *Epitaph des Herrn Pohlmann,* dessen Inschrifttafel in lateinischer Sprache seine Verdienste preist.

Das *Epitaph des Kommandanten* der Festung Glückstadt, Generalmajor Johann Sigismund Fuchs wurde aus dem Kirchenschiff umgehängt in den Turmvorraum. Sein Haus steht noch: Königstraße 5.

Eine ganz besondere Zierde der Kirche sind die *Messingkronleuchter,* drei große im Hauptschiff und der kleinere im Seitenschiff. Sie stimmen stilistisch überein und sind von gleicher Bauart. Das berechtigt zur Annahme, daß sie alle aus der gleichen Werkstatt stammen. Der vor der

Orgel hängende wurde 1652 von den Islandfahrern gestiftet, der mittlere ebenfalls 1652 von den acht Glückstädter Handwerksämtern, deren Zunftschilder mit plattdeutschen Widmungsinschriften unten an den Lichtträgern angebracht sind. Im Chor hängt vor dem Altar der 1655 von der Bruderschaft (einer Totengilde) geschenkte. Seine Kugel hat ein Loch, das während der Belagerung 1813/14 durch den Splitter einer im Altarraum explodierten Bombe geschlagen wurde. Während die Leuchter der Bruderschaft und der Handwerksämter mit dem Salvator und die der Islandfahrer mit einem abstrakten Ornament gekrönt sind, trägt der kleinere im Seitenschiff die römische (heidnische) Jagdgöttin Diana als oberste Zier: Er war nicht ursprünglich der Kirche zugedacht gewesen, sondern stammt aus dem Haus des Oberstleutnant Bremer Am Hafen 25, der hier 1657/58 und 1660–1684 Festungskommandant war. Seine Nachkommen stifteten den Leuchter der Kirche. Nachdem Johann Lehmeyer, der Nachfolger des Glückstädter Stückhauptmanns und Gießers F. A. Roen, 1685 die Bremersche Krone in der Neuen Kirche aufgehängt hatte, vergaß die Kirche das Bezahlen. Daraufhin holte Lehmeyer den Leuchter widerrechtlich herunter. Bürgermeister und Rat verurteilten ihn zu 4 Reichstalern Brüche. – Den Kronleuchtern stilistisch verwandt sind auch sieben messingene Wandleuchter aus der gleichen Zeit. Wahrscheinlich handelt es sich bei allen Stücken um Werke des Glückstädter Gießhauses. Hierauf weist allerdings nur ein einziger Beleg in den Kirchenrechnungen von 1653 hin:

„Den 9. Julii: Noch den Rothgießer Gesellen wegen der Ieslandischen Kauffleute Ihr Krohn zu Biergelt gegeben – 1 Mrk. 8 ß".

Viele Jahre lang haben manche Glückstädter den Wunsch nach einem *Schiffsmodell in ihrer Stadtkirche* gehegt. Bei der Restaurierung 1962 ist er in Erfüllung gegangen. Das von Friedrich Pehrs, einem hiesigen Fahrensmann, geschaffene *Modell eines Segelloggers* bekam seinen Platz unter der Empore im Hauptschiff. Es ist ein Abbild der S.G. 20 „Delphin" der Glückstädter Heringsfischerei, erbaut 1907 auf der Gehlsen-Werft in Glückstadt.

In der Kirche hat der Logger zwei Aufgaben: Zum einen ist er ein Sinnbild der Gemeinde. „Ein Schiff, das sich Gemeinde nennt," singen die evangelischen Christen. Zum anderen dient er dem Gedenken der 47 Seeleute, die bei drei Untergängen von Loggern und bei einem Unglück an Bord ums Leben gekommen sind:

Segellogger S.G. 1 „Tümmler", untergegangen 1905 im Herbststurm mit 14 Mann,
Segellogger S.G. 21 „Stint", untergegangen im August 1923, vermutlich auf eine Mine gelaufen, mit 15 Mann,
Dampflogger S.G. 126 „Glückstadt", untergegangen im Oktober 1926 im Sturm durch eine Grundsee bei der Insel Trischen mit 17 Mann,
Segellogger mit Hilfsmotor S.G. 14 „Hecht", 1929 der Maschinist tödlich verunglückt durch Explosion des Motors.

Außer für die Seeleute der Glückstädter Heringsfischerei, die hier noch namentlich bekannt sind, ist das Schiffsmodell auch ein Denkmal für die vielen anderen Seeleute aus der Gemeinde, die im Laufe der Geschichte Glückstadts als Hafenstadt auf See geblieben sind.

An der Westwand entdeckt man noch rechts vom Ausgang die weiße Marmortafel mit den Namen der bei der *Schleswig-Holsteinischen Erhebung 1848/51* gefallenen Glückstädter. Zuoberst ist Theodor Preußer verzeichnet. Beim Landungsversuch der Dänen am 5. April 1849 in der Eckernförder Bucht befehligte er die südliche Küstenbatterie. Als sich das brennende dänische Linienschiff ergeben hatte, ging er an Bord, um für die Bergung der verwundeten Gegner zu sorgen. Dabei ist er umgekommen, denn das Feuer erreichte die Pulverkammern, und das Schiff flog in die Luft.

An der Nordwand ist die *originale Sandsteintafel zum Gedenken an die Sturmflut 1756* angebracht, aus technischen Gründen allerdings höher als der damalige Wasserstand im Inneren der Kirche. In ihrer Geschichte hat die Stadt 13 Überflutungen durch Deichbrüche erlebt: 1625, 1634, 1643, 1651, 1663, 1685, 1715, 1717, 1718, 1720, 1751, 1756 und 1825.
Die mit Eisenbändern beschlagene Opfertruhe im Vorraum stammt aus dem Jahre 1737.

Das *Geläut der Stadtkirche* in der oberen Glockenstube besteht aus drei Stahlglocken von 1924. Sie sind der Ersatz für eine im 1. Weltkrieg abgelieferte bronzene Läuteglocke von 1759. In der unteren Glockenstube hängt eine zweite, 1624 von Christian IV. geschenkte Bronzeglocke, 1623 von Hans Kemmer in Kronborg gegossen. Sie hat lange als

Betglocke gedient, wird aber jetzt nicht mehr geläutet. Mit den außen hängenden für den Uhrschlag trägt der Kirchturm sechs Glocken, drei bronzene und drei stählerne.

Denkmäler bei der Kirche

Rechts vom Zugang zur Kirche auf einem Granitsockel mit der eingeschlagenen vergoldeten Chiffre des Stadtgründers C4 steht eine *Bronzebüste König Christians IV.* Dies ist ein wohlgelungener Nachguß des Originals auf Schloß Rosenborg in Kopenhagen. Der französische Bildhauer Jean Baptiste Dieusart modellierte die Skulptur 1643. Der Bronzeguß fand 1650 statt im *Gießhaus der Festung Glückstadt,* Königstraße 41 unter der Leitung des Geschützgießers Franciscus Ahasverus Roen. Das Kunstwerk ist eine „heroisch idealisierende Darstellung des Königs in einer Toga und der Tracht eines römischen Kaisers mit Löwenköpfen auf den Schultern und einem Lorbeerkranz auf dem Haupt" und wird als „eine der großartigsten Porträt-Skulpturen des ganzen 17. Jahrhunderts in Nordeuropa" bezeichnet. Am 22. März 1992, dem 375. Jahrestag der Stadtgründung, wurde das Denkmal enthüllt. Es ist ein Jubiläumsgeschenk der Glückstädter Firmen Temming A.G. und Steinbeis Temming GmbH & Co. Neben den Stiftern ist Herrn Bodo Daetz, Wassersleben zu danken. Er hat das Original abformen lassen und die Form für den Nachguß kostenlos zur Verfügung gestellt.

Ein *zweites Denkmal zur Erinnerung an den Stadtgründer* ist vor der nördlichen Kirchenmauer zu finden. Der Glückstädter Lions Club hat es gestiftet. Eine ungeglättete Granitstele trägt unter der gekrönten Chiffre C4 die Inschrift „Christian IV. König von Dänemark Herzog von Holstein gründete Glückstadt am 22. März 1617."

Etwas weiter längs auf dem Kirchplatz fällt ein Granitquader auf, abgedeckt mit einer flachen Pyramide. Auf der Vorderseite sind aus einer eingefügten schwarzen Marmorplatte das Schinkelsche Eiserne Kreuz und die *Jahreszahlen 1870–1871* ausgehauen, auf der Rückseite die Namen und Daten der gefallenen Gemeindeangehörigen des deutsch-französischen Krieges. Bei diesem Denkmal handelt es sich um den neugestalteten Sockel einer im Juli 1876 aufgestellten *bronzenen trauernden Germania* von Hermann Schiess, Wiesbaden (1837–1899), die von Zinnpest befallen war und abgetragen wurde. Schon vorher waren die Inschrifttafeln von Buntmetalldieben gestohlen worden.

Mitten auf dem Kirchplatz zwischen der *Friedenseiche von 1872 und der Vereinigungseiche von 1990* liegt ein Findling, dessen Inschrift auf die historischen Daten hinweist, zu deren Gedächtnis die beiden Eichen gepflanzt worden sind.

Der Kirchplatz: Friedhof — Wäschebleiche — Grünanlage

Ursprünglich war der Kirchplatz Friedhof. Bis gegen 1900 wurde er Kirchhof genannt. Schon 1642 wurde vor dem Kremper Tor der jetzige „Alte Friedhof" angelegt, die stadtseitige Hälfte als bürgerlicher, die andere als Garnisonfriedhof, denn der Kirchplatz war vollständig mit Gräbern belegt. Er entwickelte sich zu einer von gekappten Linden umrahmten Rasenfläche. Glückstädter Hausfrauen nutzten sie viele Jahre lang als Bleichplatz für ihre Wäsche. „Seine jetzige Einrichtung zu Spazierwegen mit Lindenalleen erhielt er (der Kirchplatz) erst in den 1880er Jahren." Bis um 1950 verbrachten die Primaner und Sekundaner des Gymnasiums ihre Pausen in dieser Grünanlage vor ihrem Schulhaus.

An der Nordseite des Kirchplatzes liegen *zwei Pastorate,* das alte von 1745, ein schlichter traufenständiger Ziegelbau mit Walmdach und Zwerchgiebel, und rechts daneben das neue im Neorenaissancestil von 1879. Jetzt gibt es in den neuen Stadtteilen Glückstadt-Nord, Bole und Butendiek noch drei weitere ev. luth. Gemeindezentren.

In der Nordostecke liegt das *ehemalige Gymnasium,* jetzt Jugendzentrum. Die Erweiterungsbauten von 1933 und 1958 sowie die Turnhalle von 1933/34 im rückwärtigen Grundstücksbereich sind seit 1975 Schule für Lernbehinderte, neuerdings Förderschule genannt. Sie führt den Namen „Stadtschule", weil sie auf dem schon im 17. Jahrhundert vom Gouverneur Graf Pentz für die damalige Stadtschule bestimmten, doch fast 200 Jahre nicht genutzten Grundstück steht.

Das wurde nämlich erst 1822 für den *Bau der Gelehrtenschule* in Anspruch genommen, nachdem sie von der herkömmlichen Stadtschule, der späteren Bürgerschule, getrennt worden war. Dieses Schulhaus hat nur gerade 3 ½ Jahrzehnte gestanden. 1858 wurde es durch das jetzige Gebäude ersetzt, das der Architekt und Bauinspektor des Herzogtums Holstein *Hermann Georg Krüger* (1815–1897) geschaffen hat. Er

„neigte dem zu seiner Zeit herrschenden Historismus zu." Wie bei der Glückstädter Gelehrtenschule wandte er auch sonst bei seinen Bauten „gern romanisierende Formen" an. „Er zählte nicht zu den großen Baukünstlern, schuf jedoch eine Reihe beachtlicher Werke." Der Anbau mit der Direktorwohnung, jetzt AWO-Heim, konnte erst 1879 errichtet werden, denn auf seinem Bauplatz stand bis dahin noch das zweite Pastorat.

In der Gelehrtenschule am Kirchhof empfing *Sönnich Detlef Friedrich Detlefsen* von 1842 bis 1850 sein geistiges Rüstzeug und legte mit 17 Jahren die Reifeprüfung ab. Hier wurde er 1865 als Lehrer angestellt und wirkte von 1879 bis 1904 als Gymnasialdirektor. Wissenschaftlich arbeitete Detlefsen in Glückstadt von 1866 bis 1882 an seiner sechsbändigen Ausgabe der „Naturalis historia" von Plinus dem älteren, einem Werk, das seinen Ruhm als klassischer Philologe begründete. Um die Heimat ist er hochverdient als Geschichtsschreiber der holsteinischen Elbmarschen, Gründer der „Alterthümersammlung der Elbmarschen", (1926 ihm zu Ehren Detlefsenmuseum genannt) langjähriger Stadtverordneter, Gründer des Arbeiterbildungsvereins, Mitbegründer der Glückstädter Heringsfischerei... Zur hundertsten Wiederkehr seines Geburtstages bekam das Glückstädter Gymnasium 1933 den Namen Detlefsenschule.

In seinem Kleinbürgerhaus Nr. 8 lebte der *Schiffer und Fischer Christian Kahl* (1860–1953). Hier zog er mit seiner Frau eine zahlreiche Kinderschar auf. „För de heff ick de ganze Nahrung ünner Brokdörp ut de Elw ruthalt," sagte er einmal. Er und sein „Macker" Carl Pehrs, Am Hafen 29, haben jahrzehntelang mit großem Erfolg als Störfischer zusammengearbeitet. Sie galten unter ihren Berufsgenossen als „Störkönige". „De Stör is utblewen. He kunn denn Larm vun de Schrubenscheep in de Elw nich aff," meinte Krischan Kahl.

An die Südostecke des Kirchplatzes stößt das an Rosengang und Kleiner Nübelstraße gelegene zweiflügelige Eckhaus. Es handelt sich um eine Nachahmung aus den 1970er Jahren des *einstigen Bürgerstifts*, des zweiten Hauses auf diesem Platz für die 1682 geschaffene Einrichtung. Es war ein 1782 errichteter einstöckiger kleiner Barockbau mit Mansarddach in der Art der holländischen Höftjes. Hier fanden 25 unbemittelte ältere Bürgerinnen und Bürger Unterkunft. Daher nannte man die Kleine Nübelstraße früher auch Armenstraße. Zu jeder Wohnung gehörten Stube und Küche sowie ein kleiner Garten. An dem das

Bürgerstift nachstilisierenden Wohnhausneubau ist die alte Inschrifttafel wieder angebracht worden:

> Ich bin arm und elend,
> der Herr aber sorget für mich.
>
> Psal: 40 V 18
>
> Wohl zu thun und mitzutheilen
> vergesset nicht.
>
> Ebr: 13 V 16
> Anno 1782

In mittelalterlichen Städten lebten an *Straßen mit botanischen Namen* wie Petersiliengasse oder Rosengang die Gunstgewerblerinnen. Ob das in Glückstadt auch so gewesen ist, weiß man nicht, denn als diese Stadt entstand, war bereits die Neuzeit angebrochen. Der Rosengang kreuzt die Promenade Am Wall, den zu Festungszeiten am inneren Wallfuß um die Stadt verlaufenden Ringweg. Daneben liegt auf der Trasse des *früheren Festungswalles die Verbindungsstrecke zur 1847 eingerichteten Hafenbahn*. Dies Gleis wurde angelegt, nachdem 1856 die Glückstadt-Elmshorner Eisenbahn bis Itzehoe verlängert und der Bahnhof an seinen jetzigen Standort verlegt worden war.

Über die Schienen hinweg führt der Rosengang an das Ufer eines *Teiches mit dem Namen Batardeau*. Er ist ein Rest des Festungs-Hauptgrabens. Sein Name ist auf ihn übergegangen vom eigentlichen Batardeau. Das war ein Sperrwerk. Es sollte das Wasser in den Festungsgräben halten und sein Ablaufen in den Rhin bei Ebbe verhindern. Von hier aus wurde gleichzeitig die Stadt mit Trink- und Brauchwasser versorgt durch eine Rohrleitung, die noch heute unter dem Rosengang und der Straße Am Kirchplatz liegt und in die Zisterne unter dem Kandelaber in der Marktmitte mündet. Dort war früher der Stadtbrunnen.

In dem Teich unterhielt zu Beginn unseres Jahrhunderts Julius Knoop „Die *Glückstädter Badeanstalt* im Batardeau. Für Schwimmer sowohl wie für Nichtschwimmer eingerichtet. Geöffnet vom 22. Mai bis 1. Oktober. Für Herren: morgens von 5 ½–7, 10–2 und abends von 5–8 Uhr. Für Damen: morgens von 7–10 und nachmittags von 2–5 Uhr." Für seine „der Neuzeit entsprechend eingerichtete" „Elb-Badeanstalt" gelöste Karten waren auch für die Badeanstalt am Batardeau gültig. Man erzählt, einige Sekundaner und Primaner des nahebei gelegenen Gymnasiums wären in der Pause zur Damenbadezeit immer an Herrn Knoops Bretterzaun gegangen. Jeder hätte dort sein persönliches Astloch gehabt, aus dem er mittels Pfriembohrers den Knast herauszog. Nach gehabter Anschauung mußte man das Loch wieder sorgfältig verschließen, weil sonst die Gefahr der Entdeckung und Vernagelung durch den Bademeister gegeben war.

Als in der *Nazizeit alles Fremdvölkerische ausgemerzt* werden sollte, mußte auch die Wegebezeichnung „Am Batardeau" verschwinden. Sie wurde dann im Gedenken an Knoops Schwimmanstalt umgeändert in „Badeweg".

Die frühere „Wagenfabrik mit Dampfbetrieb, gegründet 1869" von H. Wrage Am Kirchplatz 19a ist 1955 umgebaut worden zum ev. luth. Gemeindehaus.

Das Marktfleth, ein Wesensmerkmal der Stadtanlage

Hauptfunktion des 1621 angelegten Marktfleths war ursprünglich die eines *Binnenhafens*. Es band die Stadt an das Verkehrswegenetz der Wasserläufe und Wettern der umliegenden Marsch und der Elbe an. Das ganze Jahr über passierbare Landverkehrswege gab es hier bis gegen 1900 nicht, außer dem Steindamm nach Krempe. Das Marktfleth und die anderen Flethe in der Stadt bildeten mit dem System der Festungsgräben eine von der Elbe gespeiste und in die Elbe abfließende *„wundersame selbstthätige Wasseranstalt"*. Sie versorgte die Stadt auch mit Trink- und Brauchwasser. Die Zimmermeister lagerten ihre Baumstämme und die Schlachter wuschen ihre Därme im Marktfleth. Die Branntweinbrenner und Bierbrauer holten ihr Wasser heraus. Gleichzeitig mußte es die Abwässer aus den Häusern fortschwemmen. Die Instandhaltung war Aufgabe der Anlieger, die sich dieser lästigen Pflicht entledigen wollten und um 1740 begannen, für seine *abschnittsweise Zudämmung* zu sorgen.

Nun aber hat die Einsicht sich durchsetzen können, daß im Zuge der denkmalpflegerischen Altstadtsanierung das Marktfleth *stilisierend wiederhergestellt* werden sollte als originärer Grundbestandteil der Stadtkonstruktion und aus Respekt vor dem Gründerkönig Christian IV., der es liebte, die von ihm geschaffenen Städte mit Kanälen zu durchziehen.

Unter den Glückstädtern hat das Bauwerk manche Gegner. *Zu unromantisch vierkantig* ist es ihnen und naturfern. Doch gerade das ist es, was hier im Kern dieser geometrisch konzipierten, vom „Genius des Lineals" bestimmten frühmodernen Stadtkonstruktion ausgesagt werden soll: Ohne Rücksicht auf die verkehrsferne Lage, den nicht tragfähigen Boden und die Gefährdung durch Sturmfluten ließ Christian IV. hier an „einem sehr kotigen Ort" dieses Ingenieurbauwerk einer auf dem Reißbrett entworfenen Planstadt aus dem Wattschlick und Kleiboden stampfen gegen die Natur und wohl auch gegen seine eigene Vernunft, warum sonst hätte er der allein durch seinen Willen bestimmten Schöpfung den Namen Glückstadt gegeben?

Zur Flethanlage gehören die Lindenreihen auf beiden Seiten. Auch sie waren durch *Spalierschnitt dem strikten Linearitätsprinzip unterworfen.* Die Beschneidung hätte die Linden *zugleich an die Gegebenheiten und Erfordernisse des Marschbodens* angepaßt, der die Stadt trägt, und ihre Integration in die sie umgebende Kulturlandschaft kennzeichnet. Doch die Stadtvertreter wollten diese Einfügung der Lindenreihen in die Gestaltunggrundsätze des Stadtbildes und ihre Anpassung an die Verhältnisse in der umgebenden Marschlandschaft nicht beibehalten. Die Linden sollen jetzt „natürlich wachsen". Hier und da stehen Bäume anderer Arten in der Reihe, am Nordwestende auch die Bismarckeiche.

Sie bezeugen noch eine vergangene Epoche: Das ursprüngliche Wesensmerkmal des Marktflethes als Grundlinie der Stadtgestalt war vor seiner Wiederherstellung verschüttet, durch darauf gepflanzte Parkanlagen verwischt und durch Vergrößerung der Marktplatzfläche durchbrochen und aufgehoben.

Am Fleth: Bierbrauer, Branntweinbrenner, Buchdrucker, Kanonen und Kanzler

Am Fleth haben sich nach der Stadtgründung der Gouverneur, hohe Staatsbeamte und Militärs sowie die reichsten gewerbetreibenden Bürger angesiedelt. Die westliche Häuserreihe beginnt mit der Seitenfront des großen Speichergebäudes Am Hafen 1. Hier ist der Scheitelpunkt, in dem das *Marktfleth mit seinen beiden Uferstraßen als Hauptachse und Nahverkehrsanbindung und der Hafen als Lebensader der Stadt aneinandergefügt* sind. Auf diesem bevorzugten Platz ließ König Christian IV. sein erstes Haus in seiner jungen Stadt Glückstadt erbauen.

Die anschließende Einfahrt führte früher zum Ausspann des Gasthauses Am Fleth 4. Einst gehörte es dem Brauer Marx Nickels. Die Schleifung der Festungswerke 1814/16 ermöglichte einen einfacheren Zugang zur Stadt: Die Flethstraße konnte über den Schleusenberg direkt mit der Stadtstraße verbunden werden. Damit ergab sich in unmittelbarer Nähe des neuen Stadteinganges eine sehr günstige Lage für den *Gasthof mit Ausspann*. Hier empfing die Stadt ihre Besucher aus der ländlichen Nachbarschaft, daher hieß der Krug sehr sinnvoll „Zum landwirtschaftlichen Haus". Wer von Bielenberg, Kollmar, Strohdeich, Langenhals, Gehlensiel, Obendeich oder Herzhorn mit dem Fuhrwerk nach Glückstadt kam, ließ Pferd und Wagen – später auch das Fahrrad – hier im Ausspann in der Obhut des Hausknechts. Nach Erledigung der Geschäfte in der Stadt kehrte man noch in der Gaststube zum Informationsaustausch und Köm un Beer ein. Sollte die in der Ortsgestaltungssatzung von 1987 vorgesehene „Schließung der Baulücke", indem man die Einfahrt überbaut, aus historischen Gründen nicht lieber unterbleiben?

Das Haus Nr. 6 erkennt man als *ansehnliches spätbarockes Bürgerhaus* mit Mansarddach. Ursprünglich stammt es bereits aus dem 17. Jahrhundert. Zwei Buden, einstöckige Wohnhäuser einfacher Bauart, auf dem jetzigen Grundstück Nr. 5 daneben gehörten dazu. Um 1700 war der Branntweinbrenner Peter von Schonen Besitzer. Ihm gehörte auch das jetzige Brockdorff-Palais Am Fleth 43. Gegen Ende des 18. und im ersten Drittel des 19. Jahrhunderts waren zwei Generationen Zimmermeister Timm Eigentümer. Vermutlich hat der ältere dem Haus die jetzt noch wahrnehmbare Gestalt gegeben.

Das gründerzeitliche Geschäftshaus Nr. 7 steht auf dem Platz eines Fachwerkhauses mit Brettergiebel aus dem 17. Jahrhundert.

Nr. 9 wurde 1949 abgerissen und 1950 durch einen Neubau ersetzt. Dessen Fassade ist der ursprünglichen des *giebelständigen Kaufmannshauses von 1643 nachstilisiert*. Die schöne Barockhaustür mit Oberlicht fehlt nun. Hier hatte um 1900 der *Schuhmacheramtsmeister Peter Brooks* seine Schuh- und Lederwarenhandlung. „Herren-, Damen-, Kinder und Gummischuhe sowie beste wasserdichte Seestiefel" bot er durch ein Annonce im Stadtführer von 1906 an. In der Freiwilligen Feuerwehr diente er als Trompeter. Wenn es brannte, mußte er das Alarmsignal blasen. Er war ein Glückstädter Original. Sein Wohnzimmer ließ er nur von der an seinem Haus angebrachten Straßenlaterne beleuchten. Die Straßenjungen beobachteten ihn beim Zeitunglesen im Schein des städtischen Gaslichts. Seine verstorbene Frau ließ er in einem Sarg mit Glasfenster und elektrischer Beleuchtung aufbahren. Vorübergehende Passanten lud er ein, ins Haus zu kommen und seine Frau noch einmal anzusehen. Dazu knipste er dann das Sarglicht an.

Die Häuser Am Fleth 14 bis 21 werden im Zusammenhang mit der Bebauung rund um den Markt erwähnt.

Rechts neben der Stadtbäckerei steht mit der Hausnummer 22 das wohl *stattlichste alte Bürgerhaus* von ganz Glückstadt, ein giebelständiger, zweimal vorkragender Fachwerkbau von 1680.

Das im Anfang unseres Jahrhunderts modernisierte Haus Nr. 25 ist das *Elternhaus des Glückstädter Malers Max Kahlke* (1892–1928). die Marienklage von 1927/28 und der Grüne Christus von 1921 in der Stadtkirche sind von ihm geschaffen, wie auch der Marienaltar im Schleswiger Dom und das Urteil Salomonis im Amtsgericht in Itzehoe. Im Dachgeschoß hinter einem großen Giebelfenster hatte er sein Atelier. Leider wurde vor einigen Jahren die Wetterfahne mit dem Wappenhirsch der Familie Kahlke von der Giebelspitze entfernt. Im Erdgeschoß sind jetzt die Geschäftsräume der traditionsreichen „Glückstädter Fortuna" eingerichtet.

Sehr entstellt ist das früher sehr noble, zweistöckige traufenständige Haus Nr. 29, dem jetzt nicht nur das Zwerchhaus fehlt. Es war *im vorigen Jahrhundert das Schloß- und Garnisonpastorat.* Dann wohnte hier der *Medizinalrat Dr. Adolph Halling* (1844–1915), eine maßgebliche Persönlichkeit in Stadt und Land als Arzt, Kreisphysikus, Bürgermeisterstellvertreter, Heimatforscher und Ehrenbürger der Stadt Glückstadt.

Dem sonst sehr ordentlich restaurierten Haus Nr. 30 fehlt nur das ursprüngliche Zwerchhaus.

Beim eingeschossigen Traufenhaus Nr. 31 ist leider die *klassizistische rustizierte Fassade mit Gesimsfries beseitigt* worden, auf dem abwechselnd Hörner und gekreuzte Stäbe dargestellt waren. Die Hörner hielt man für Posthörner und die Stäbe für Staffetten. Daher wurde die irrige Auf fassung abgeleitet und tradiert, das Gebäude sei die alte Post. In der gesamten Besitzerfolge kommt jedoch kein Postmeister vor. Wo vorher zwei Buden gestanden hatten, ist das Haus kurz nach 1783 erbaut worden. Im Inneren waren vor einigen Jahrzehnten noch Türrahmen, Türblätter und Beschläge im Rokokostil vorhanden. Die jetzt zerstörte klassizistische Fassade ist möglicherweise auf eine ursprüngliche Rokokofassade aufgetragen worden. Eine in der Ortsgestaltungssatzung von 1987 vorgesehene Aufstockung sollte auf jeden Fall unterbleiben. Aus ästhetischen und historischen Gründen wäre eher eine Rückbildung des Nachbarhauses Nr. 32 zu wünschen. Hier stand traufenständig mit Zwerchgiebel *der hübsche Schützenkrug.* Bei der Belagerung 1813/14 durchschlug eine großkalibrige Bombe das Haus vom Dach bis in den Keller, wo sie in ein Faß Madeira fiel. Dabei erlosch der Brennzünder und die große Kanonenkugel bleib heil als Blindgänger, die man nach dem Krieg zum Andenken in die Hausfront einmauerte. Jetzt ist sie leider nicht mehr da.

Die beiden zweigeschossigen Traufenhäuser Nr. 33 und 34 aus dem Anfang des 19. Jahrhunderts haben *Schiebefenster nach ostfriesicher Art.* Ihre Freitreppen wären nach den strengen Vorschriften der Stadtgründungszeit unzulässig gewesen, wonach die Bauflucht genau einzuhalten war. Rund 200 Jahre später hat es offensichtlich in dieser Hinsicht schon gewisse Lockerungen gegeben. Die beiden *Löwenreliefs* an der Hausecke sind Abgüsse von Originalen aus Sandstein, die in den letzten Jahren zu sehr unter Abgasen gelitten hatten und deshalb im Detlefsenmuseum unter Dach genommen wurden. Sie stammen sehr wahrscheinlich vom 1744 erbauten Deichtor. Hier waren sie im Giebeldreieck angebracht und hielten die Kartusche mit dem königlichen Namenszug C6 (Christian VI. regierte 1730–1746). Als das Tor bei der Schleifung der Festungswerke 1814/16 abgebrochen wurde, hat sie sicherlich der Hausbesitzer erworben, um sie als Prellsteine zur Abwehr zu eng um die Ecke kurvender Fuhrwerke an seinem Haus anzubringen.

Auf dem Platz des *Fabrikantenwohnhauses Nr. 35 im Gründerstil* sind seit altersher *bis weit ins 19. Jahrhundert Bierbrauer* ansässig gewesen. Um 1740 wurden die Festungswerke der Nordfront in großem Umfange um- und ausgebaut. Im Zuge dieser Maßnahmen legte man auch den

Zufluß von der Elbe zum Marktfleth neu an. Daraufhin beschwerte sich die damals betriebsleitende Brauerswitwe, es flösse nicht mehr genug zum Bierbrauen geeignetes frisches Wasser nach, das sie dem Fleth entnehmen könne. Ihre Knechte müßten nun das Brauwasser vom Marktbrunnen heranschleppen. Dadurch würden ihre Produktionskosten so sehr erhöht, daß sie ihr entsprechend verteuertes Bier nicht mehr absetzen könne. Man versuchte dem Übelstand abzuhelfen, indem man das Flethbett vom Nordwestende an zunächst bis zur Artilleriebrücke vor der Ballhausstraße, später bis in Höhe der Häuser Nr. 27 auf der West- und Nr. 47 auf der Ostseite einengte. Dieser schmälere nördliche Teil hieß fortan „Das Kleine Marktfleth" und das anschließende breitere südliche Ende bis zur Einmündung in den Rhin „Das Große Marktfleth".

Seit dem 17. Jahrhundert war *Nr. 36 ein adeliges Haus* im Besitz hochrangiger staatlicher, militärischer, städtischer und gesellschaftlicher Führungskräfte: Kanzleirat und Stadtpräsident, Generalleutnant und Festungskommandant, Kammerherr sowie Land- und Regierungsrat und als solcher Mitglied der Landesregierung und des obersten Gerichts im Herzogtum Holstein, Klosterpropst von Uetersen, Bürgermeister und Vizestadtpräsident, Justizrat und Zuchthausinspektor lauteten die Titel der Hausherren, die auch einen Eindruck von der Gesellschaft in der früheren Residenz und Festung Glückstadt vermitteln können. Von 1757 bis 1830 war dies das *Stadthaus der Grafen Ahlefeldt,* die von hier aus ihre führenden Funktionen in Staat, Militär und Gesellschaft ausübten. Schließlich waren noch reiche Rentiers aus hervorragendem Marschbauerngechlecht Besitzer, bis es 1924 die benachbarte Firma J.J. Augustin zur Erweiterung ihres Betriebes erwarb.

Am Ende der westlichen Häuserzeile steht Am Fleth 37 das 1884 neu errichtete Betriebsgebäude der *Buchdruckerei Augustin* mit Erweiterungsbauten von 1903, 1905, 1907, 1910 und 1912. Das Haus birgt den ältesten Gewerbebetrieb der Stadt, der sich von Anfang an auf diesem Platz befindet. Am 21. November 1632 verlieh König Christian IV. dem Buchdrucker Andreas Koch Privileg und Bestallung zu einer „Königlichen Buchdruckerei". Im Jahre 1775 kaufte Jakob Johann Augustin der Witwe und dem Sohn seines Lehrmeisters Johann Jakob Babst die Buchdruckerei ab für 1000 Reichstaler. Sie blieb 202 Jahre lang Familienbesitz von sechs Generationen der Augustins und ist jetzt eine GmbH. Von 1740 an gaben J. J. Babst und nach ihm die Augustins die „Glückstädter Fortuna" heraus, die *älteste Tageszeitung Schleswig-Holsteins.* Jetzt erscheint sie als Kopfblatt in der Norddeutschen Rundschau (Am Fleth 25). Zu weltweiter Bedeutung führte Heinrich Wilhelm Augustin (1878–1938) die Firma. Er war von 1905 an Inhaber. Unter seiner Leitung erreichte die Buchdruckerei J. J. Augustin einen hervorragenden Platz auf dem Spezialgebiet *des Druckes in allen Sprachen und Schriften der Welt.* Nach seinem Unfalltod führte seine Frau Hedwig, geb. Hansen (1881–1968) den Betrieb. Sie meisterte die erschwerten Bedingungen der Kriegszeit und den Neubeginn nach dem Kriege. Für ihr verdienstvolles Wirken wurde sie mit der Verleihung des Bundesverdienstkreuzes 1. Klasse (Steckkreuz) geehrt. Außer ihr gibt es bisher keine(n) Glückstädter/in, dem/der diese hohe Auszeichnung zuteil geworden ist.

Der Buchdruckerei gegenüber ist auf der Ostseite des Fleths die zum biedermeierlichen Wohnhaus Nr. 38 umgebaute *Zeugschmiede* (Abb. 8) erhalten geblieben. Das war die Instandsetzungswerkstatt für das Kriegsgerät der Festung. Das einstöckige Gebäude im Barockstil zierten Akroterien auf den Firstenden und ein Löwenkopf über dem Eingang. Aus den Dachflächen traten nach vorn und nach den Seiten flachbogige Gauben hervor.

Abb. 8   Zeugschmiede, Am Fleth 38

Das schlichte Haus Nr. 40 war der Mitteltrakt des dritten *Zeughauses der Festung Glückstadt* (Abb. 9), das sich teilweise auch über die benach-

Abb. 9 Zeughaus, Am Fleth 40

barten Grundstücke Nr. 39 und 41 erstreckte. Im Zeughaus, auch Arsenal genannt, bewahrte man das Kriegsgerät (= Zeug) auf. Darüberhinaus hatte es auch eine repräsentative und zeremonielle Bedeutung: Im Zeughaus stellten sich Macht und Ruhm des Königs dar. Hier waren auch ruhmreiche Fahnen und Trophäen untergebracht. – Das erste Zeughaus in Glückstadt wurde privatwirtschaftlich unterhalten vom Handelshaus Berns und Marselis und stand auf dem Rethövel. Die Unternehmer trieben von dort aus weltweiten Waffenhandel, waren aber vertraglich verpflichtet, ständig die Ausrüstung für 12 000 Mann auf Lager zu halten. Mit dem Übergang des Kriegswesens vom privatwirtschaftlichen System der Landsknechtszeit zu staatlichen Organisationsformen im Zeitalter der stehenden Heere um 1700 wurde als zweites ein Königliches Zeughaus am Nordwestende des Marktfleths errichtet, ein Vierflügelbau mit Innenhof. Doch „Anno 1723 den 23. Junii branndte das neue Königl. Zeughauß mit allen darin befindlichen Kriegsmaterialien und den gesampten Feld Artillerie Geräthen Mittags um 1 Uhr von Grund auß ab." Nach dieser Katastrophe errichtete man als drittes Zeughaus in Glückstadt an gleicher Stelle einen Neubau in prächtigem Barockstil. Die Vorderfront der Vierflügelanlage wurde beherrscht von einem zentralen Portal mit aufwendig verziertem, rundbogigem, gestuftem und geschweiftem Giebel, der von zwei noch vorhandenen Pilastern getragen wurde und verziert war mit dem gekrönten Spiegelmonogramm F4 (König Friedrich IV., reg. 1699–1730), umgeben von Geschützrohren, Mörsern und Kanonenkugeln. Die jetzt auf den Pilastern des früheren Portals aufgestellten großen Akroterien zierten möglicherweise früher die Firstenden, und der Löwenkopf über der Haustür hatte vielleicht früher seinen Platz über dem Eingang der Zeugschmiede. Das Zeughaus am Fleth scheint nicht groß genug gewesen zu sein, um alle Kanonen der Festung unterzubringen, die man in Friedenszeiten unter Dach aufzubewahren pflegte. Sie sollten nicht ständig auf den Wällen und Bastionen in Feuerstellung im Regen stehen. Ein Teil des Geschützparks war im Gießhaus Königstraße 41 untergebracht, das auch manchmal als Zeughaus bezeichnet worden ist. Weil sie die beiden Arsenale miteinander verband, hieß die Brücke über das Marktfleth vor der Ballhausstraße *Artillerie- oder Kanonenbrücke.*

Am Fleth 42 wurde um 1900 auf dem Gartengrundstück des benachbarten Brockdorff-Palais im *Neo-Renaissancestil die frühere Spar- und Leihkasse* erbaut. Der ursprünglich geschweifte Giebel mit bekrönendem Obelisk ist später zum Treppengiebel vereinfacht worden. Der goldene Bienenkorb oben in der Fassade symbolisiert Fleiß und Sparsamkeit. Aus Repräsentationsgründen tritt das Gebäude ein paar Meter aus der Bauflucht zurück. Gerade deren strikte Einhaltung ist jedoch ein Wesensmerkmal der historischen Stadtgestaltung. Den grundsätzlichen Fehler versucht man hier durch eine Reihe in der Fluchtlinie gepflanzter Robinien auszugleichen.

Das *Brockdorff-Palais* Am Fleth 43 beherrscht die Straßenzeile als langgestreckter, zweigeschossiger Bau von dreizehn Fensterachsen mit wappengekröntem Barockportal und hohem Walmdach. Es wurde benannt nach der letzten adligen Besitzerfamilie. Das ursprüngliche Sichtmauerwerk der Straßenfront ist geschlemmt. Über dem Portal ist noch ein breit gespannter Bogen im Mauerwerk erkennbar, wohl die Spur einer früheren Einfahrt oder Durchfahrt. Ein zugemauerter Torbogen am Südostende der Fassade mit zwei Kämpfern und einem Neidkopf (Zungenblecker) als Schlußstein ist bisher irrtümlich für eine ursprüngliche Hofdurchfahrt gehalten worden. Es hat sich aber gezeigt, daß die Deckenbemalung des nebengelegenen Wohnraumes in den

Bereich hinter dem Torbogen ausgreift. Ein Foto, vielleicht um 1890 oder auch früher aufgenommen, zeigt hier eine bogige Brettertür. Später war in dem Bogenfeld eine Haustür im Neorenaissancestil. Auch gibt es Belege für eine einstige Zufahrt zu den Remisen und Ställen an der Rückseite des Grundstücks vom Kleinen Schwibbogen her. Im ursprünglichen Zustand *erhalten geblieben ist die Rückfront* des Gebäudes, nach holländischer Art aus gelben Ziegelsteinen mit horizontalen Bändern und runden Entlastungsbögen aus roten Ziegelsteinen. Die Bogenfelder sind in den Schichten abwechselnd mit roten und gelben Steinen ausgemauert. Der bis an den Festungswall reichende große Garten neben und hinter dem Haus ist mit der benachbarten früheren Spar- und Leihkasse und Wohnhäusern an der Bohnstraße bebaut worden.

Die Baumeister Wilhelm Steenwinkel und Hermann Bolte haben das Palais 1631/32 für den *Gouverneur der Festung Glückstadt und Amtmann der Ämter Steinburg und Rendsburg Reichsgraf Christian von Pentz* (1600–1652) für 1100 Reichstaler erbaut, wobei die Baumaterialien aus den Beständen des Königs stammten. Der Bauherr war nämlich Christians IV. Patenkind und designierter Schwiegersohn. Ihm gab der König 1634 eine seiner Töchter aus seiner Verbindung mit Kirstine Munck zur Frau, die erst fünfzehnjährige Sophia Elisabeth Gräfin Gyldenlöwe. Sehr glücklich scheint er mit seiner jungen Gemahlin nicht geworden zu sein, denn „ob er gleich des Königs Eidam war, so hatte er dennoch einen pucklligen Teufel und bitterböses Weib im Bette, die ihn gar ignominieusement (= schändlich, schmachvoll) und schimpflich tractierte, sogar daß, wie sie ihn einst heißen die Kammer räumen, weil sie allein sein wollte, und er sobald nicht gehen mochte, als sie es begehrte, ergriff sie ein Pistol, das an der Wand hing, und schoß auf ihn, daß es rasselte, also daß, wenn er so geschwinde nicht hinausgekommen wäre, sie ihn leichtlich erschossen hätte, und die Kugel noch eine geraume Zeit hernach in dem Ständer der Thüre zu sehen war." Nach Pentz' Tod 1652 kam seine Hinterlassenschaft in Konkurs, und die Witwe des ehemaligen Festungskommandanten von Krempe Hendrik von Issen und ihr Schwiegersohn traten den Besitz an.

Bald nach 1680 bis 1717 gehörte das Haus dem *Branntweinbrenner Peter von Schonen*. Er hat die *Balkendecken der drei Räume rechts im Erdgeschoß* gestalten lassen, wahrscheinlich von *Andreas Ameling aus Glückstadt*, denn mit den völlig gleichen Motiven hatte der Maler die 1685/

45

87 erbaute Kirche auf Helgoland ausgemalt. Ein gekrönter Namenszug in einem Feld zwischen zwei Balken weist auf P. von Schonen hin. Bisher hielt man ihn irrtümlich für den Vizekanzler, er war jedoch ein aus Bekdorf stammender Branntweinbrenner, der 1677 Glückstädter Bürger wurde. Zur gleichen Zeit um 1700 gehörte ihm auch das Haus Am Fleth 6. Im jetzigen Brockdorff-Palais hatten außer ihm noch der „Etatsrat und Vizekanzler der Herzogthümer Schleswig und Holstein" Georg Schäfer — er kaufte 1704 ein Haus in der Königstraße — und der Obrist Hanssen je eine Wohnung als Mieter.

Nachdem noch Kanzleirat von Drebbern und Herr J. H. Albrecht Eigentümer gewesen waren, ging das Haus im Mai 1727 in den Besitz von *Peter Michel von Rheder* über. Er war Kanzlei-, Etats- und Regierungsrat, von 1753 bis zu seinem Tode 1757 Vizekanzler der Landesregierung, seit Juni 1727 verheiratet mit Dorothea Helene von Oetken. Er baute das Haus um, erweiterte es um vier Fensterachsen nach Nordwesten und gab ihm die heutige Gestalt. Den ursprünglich vorhandenen Treppenturm „an der einen Seite des Hauses" und die Hauskapelle ließ er abbrechen und dafür das barocke Treppenhaus einbauen mit Vestibül, lettnerartiger Raumteilung und zweiläufiger Treppe. Auch das Barockportal mit seinem und seiner Frau Ehewappen fügte er ein. Die klassizistischen Türflügel müssen um 1800 hinzugekommen sein.

Beschreibung der Wappen im gesprengten geschweiften Giebel über dem Portal unter untitulierter Adelskrone:

Rheder = gespalten, vorn in Rot ein aus dem Spalt hervorkommendes Einhorn, hinten in Silber ein nach links gewendeter schwarzer Flügel mit roter Krone.

Oetken: geviert, Feld 1 und 4 in Gold ein schwarzer Balken umrankt von einem grünen Rosenzweig mit oben drei Rosenknospen (Eicheln?) und unten zwei roten Rosen, Feld 2 und 3 in Blau ein steigender goldener Löwe zwischen je drei goldenen Lilien.

1758 folgte als Besitzer der Königliche Kammerherr und Landrat, Erbherr auf Hasselburg Graf Gerhard von Dernath (1700–1759), 1758/59 Kanzler der Landesregierung.

1765 kaufte der Obersachwalter und Regierungsadvocatus H. G. F. Wibel das Haus von den Erben des Kanzlers Graf von Dernath.

1796 wurde Adolf Gottlieb von Eyben (1741–1811) Besitzer. Er war Kanzler von 1781 bis 1801.

Von ihm übernahm *Cai Lorenz Freiherr (ab 1838 Graf) von Brockdorff* (1760–1840) im Jahre 1802 das Haus. In seinem und seiner Erben Besitz blieb es bis 1877. Er war Kanzler von 1801 bis 1834 und ab 1806 Direktor des Holsteinischen Obergerichts. Die von Brockdorff waren die letzte Adelsfamilie, die ihren Sitz in dem „betont repräsentativen Gebäude" hatte. Zudem war die Brockdorffsche Epoche die längste in der Geschichte des Hauses. So entstand die Bezeichnung Brockdorff-Palais.

In der nun folgenden „bürgerlichen Epoche" waren ein Fabrikant, ein Landmann, ein Möbelfabrikant und ein Strafanstaltsoberwachtmeister nacheinander die Hausbesitzer. Am 1. November 1900 zog das *Amtsgericht* in das von der Stadt gemietete Gebäude ein. Ein Schadenfeuer verwüstete 1922 den Nordwestflügel. Daraufhin kaufte die Stadt das Haus und setzte es instand. Im Erdgeschoß wurden die Gerichtsräume für das Amtsgericht und eine Wohnung, im Obergeschoß drei Wohnungen für Bedienstete des Gerichts und der Stadtverwaltung eingerichtet. Nach Übersiedlung des Amtsgerichts in die ehemalige Höhere Mädchenschule Am Burggraben 1 im Jahre 1935 zog die *Berufsschule* in die Räume im Erdgeschoß ein.

Als in den städtischen Gremien, in der Lokalpresse und in der Bürgerschaft 1961/62 die Diskussion über Altstadtsanierung begann, war man sich weitgehend einig, das „alte Amtsgericht" sei „*ein alter Schuppen", der abgerissen werden müsse.* Man stellte sich Am Fleth vom Markt bis einschließlich Nr. 43 eine vierstöckige Bebauung vor, dahinter ein achtstöckiges Hochhaus auf Marschboden. Das „schöne Gebäude" der ehemaligen Spar- und Leihkasse wollte man erhalten. Ein in der Lokalzeitung „Glückstädter Fortuna" veröffentlichter Hinweis auf den hohen Kulturwert des Brockdorff-Palais und die Bitte, es doch zu erhalten, rief verbreitet Unwillen hervor. Bürgermeister Dr. Manfred Bruhn und Landrat Peter Matthiessen ist dafür zu danken, daß das Palais dennoch in den Jahren 1967 bis 1969 saniert und für die Unterbringung der Stadtbücherei, des Stadtarchivs und des Detlefsenmuseums eingerichtet worden ist. Nach weiteren Sanierungsmaßnahmen 1992/93 steht nun das ganze Brockdorff-Palais dem Detlefsenmuseum und dem Stadtarchiv zur Verfügung.

Jenseits des Marktes schließt an die Gaststätte „Kandelaber" eine Baulücke an. Hier hatte in seinem Haus Am Fleth 54 noch im Anfang unseres Jahrhunderts der *Chirurg Johann Kruse seinen „Barbier & Haar-schneide-Salon".* Bei geöffnetem Geschäft hingen neben seiner Ladentür drei blanke Messingbecken über dem Bürgersteig. Kruse ist „Lapper" auf dem letzten Glückstädter Grönlandfahrer „Der Kleine Heinrich" gewesen. So nannte man an Bord den Schiffsarzt.

Auf den Grundstücken 55 bis 57 wurde gegen Ende der 1930er Jahre die *ehemalige Krempermarsch-Verbandssparkasse* erbaut, ein zweistöckiger Backsteinbau von sieben Fensterachsen mit ausgebautem Dachgeschoß und drei Zwerchgiebeln, die der Rathausfassade nachempfunden sind. Das Gebäude ist ein *Beispiel für den Heimatschutzstil.*

Das Haus Nr. 58 war durch Aufstockung und Verputzen sehr entstellt. Bei der Restaurierung um 1980 wurde das Masarddach wiederhergestellt und die Fassade als Sichtmauerwerk neu aufgeführt. Das Gebäude ist *ursprünglich um 1785 vom Weinhändler Senator Johann Wilhelm Siemen* auf den Plätzen von zwei Vorgängerbauten errichtet worden, traufenständig mit Zwerchgiebel, Souterrain und Hauptgeschoß, sieben Fenserachsen und spätbarocker Oberlichthaustür. Die geschnitzte, farbige Figur eines *Knaben in der Tracht eines Kellermeisters* vom Pfosten der barocken Treppe im Inneren befindet sich im Detlefsenmuseum. Um 1900 war hier das *Clubhaus der „Harmonie",* einer Vereinigung der Hautevolee, auf plattdeutsch „de eerste Hockreeg", (= eigentlich: die erste Reihe der in Hocken aufgestellten Korngarben). Hier pflegte Gymnasialdirektor Professor Detlefsen nach Tisch die Zeitungen zu lesen. Seine Sekundaner und Primaner hatten ihr Vergnügen daran, in das Haus zu schleichen und durch das Oberlicht der Tür des Lesezimmers zu gucken. Dort konnten sie ihren Direx oft über der Zeitungslektüre eingeschlafen sehen. Wenn ihnen bekannt war, daß „Detel" am Dämmerschoppen teilnahm, patrouillierten sie vor dem Hause auf und ab. Er soll dann zur Abendbrotzeit durch ein Souterrainfenster der Rückfront hinausgeklettert sein und über das rückwärtig benachbarte Grundstück den Heimweg angetreten haben. Jedoch auch in der Gr. Nübelstraße gab es Beobachtungsposten, die seinen Zustand begutachteten ...

Das Haus Nr. 61 mit spätbarocker Oberlichttür ist leider sehr entstellt. Die ursprüngliche Gestalt ist gerade noch vorstellbar.

Nicht reparabel war Nr. 64, daher wurde es mit seinem an die Gr. Nübelstraße reichenden Anbau abgerissen. Das Haus in seiner zuletzt erhaltenen Form, zweigeschossig mit Mansarddach und Zwerchgiebel, war wahrscheinlich 1784 von dem Bürger und Branntweinbrenner Simon Averhoff erbaut worden. Schon *vom 17. Jahrhundert an waren auf dem Hausplatz Bierbrauer und Branntweinbrenner* ansässig. Bis an unsere Tage heran läßt sich über 2½ Jahrhunderte eine ununterbrochene Kette aus Brauern, Branntweinbrennern und Getränkeherstellern hier als Hausbesitzer nachweisen.

Am ganzen Marktfleth entlang waren in früheren Zeiten wegen der günstigen Standortvoraussetzungen stets mehrere Brauereien und Brennereien angesiedelt: Die Rohstoffe konnten auf dem Wasserwege direkt an den Betrieb herangeführt werden. Das für die Produktion benötigte Wasser entnahm man vor der Haustür dem Fleth. Die Rückstände wurden auf dem zum Hausgrundstück gehörenden Uferbereich im Mistschauer gelagert, wobei die heraussickernde Flüssigkeit in das Fleth rann. Nach Ansammlung einer genügenden Menge erfolgte dann die Abfuhr als Dünger per Schiff zu den Köhlkern (= Kohl-/Gemüsebauern) des Rhingebietes. Manchmal beschwerten sich die Brauer und Brenner: Der Magistrat möge den Schlachtern verbieten, ihre Därme im Marktfleth zu waschen.

Der vom Sanierungsträger als Eigentümer vorgelegte Entwurf für den Ersatzbau stieß wegen seiner modernen Architektur bei den städtischen Gremien zunächst auf einmütige Ablehnung.

Die anschließende *Reihe kleinbürgerlicher Häuser* von Nr. 65 bis 69 gehört zum sog. Meynschen Komplex, der sich über das ganze Quartier zwischen Am Fleth und Gr. Nübelstraße erstreckt. Die Firma Meyn betrieb eine traditionelle Gastwirtschaft (= Krug) mit „Kolonialwarenladen" (= Hökerladen), Landhandel, eine Mühle sowie Brennstoff- und Baumaterialhandlung. Als hier in der Innenstadt keine Entwicklungsmöglichkeiten mehr gegeben waren, siedelte der auf einen Baumarkt konzentrierte Betrieb um in das Gewerbegebiet an der Stadtstraße. Die Wohnhäuser wurden saniert, das *gründerzeitliche Mühlengebäude in der Gr. Nübelstraße* zum Wohnhaus hergerichtet und der danebengelegene *einstöckige Speicher mit Mansarddach von 1802 zur Stadtbücherei* umgebaut.

Am Fleth 70, jenseits der Hafenbahn, stand das für den Bau der *neuen Feuerwache* abgerissene, 1857 vom Gerbermeister Hoff errichtete Wohnhaus. Es war das erste mit Teerpappe gedeckte Gebäude in Glückstadt und Umgebung. Hier wohnte *jahrzehntelang der plattdeutsche Dichter Fritz Lau* (1872–1966). Er war Glückstädter Ehrenbürger.

Die neue Feuerwache steht auf dem *Gerberhof,* dem Platz der am 24. August 1639 von König Christian IV. priviligierten Gerberei. Die Urkunde und die der Bestätigung des Privilegs durch Friedrich III. vom 24. Mai 1662 befinden sich im Detlefsenmuseum.

Die Schlachterstraße hieß früher Münzerstraße

An ihrem Eingang lag rechts die *Münze des portugiesischen Juden Albert Dionis.* Später wurde sie nach den dort angesiedelten Schlachtern benannt. In unserem Jahrhundert waren es noch drei.

Zwei traufenständige zweistöckige Häuser aus dem 17. Jahrhundert haben ihre Fachwerk-Vorderfronten behalten. Das Eckhaus Nr. 7 war *Kirche der Reformierten.* Christian IV. hatte wegen ihres Glaubens bedrängte Niederländer eingeladen, sich in Glückstadt anzusiedeln. Ihre kaufmännische und gewerbliche Tüchtigkeit hatte ihn dazu bewogen. Er verfolgte damit machtpolitische Ziele: Mehrung seines Reiches und Ausdehnung des Handels. 1624 gararantierte er den reformierten Bekenntnissen der Remonstranten, Mennoniten und Kontraremonstranten, sie dürften in Glückstadt „Ihre Religion und Zusammenkunft frey, sicher und womögliches ungehindert innerhalb beschloßen Thüren exerciren und gebrauchen."

Remonstranten galten in den von der spanischen Herrschaft befreiten Niederlanden als *irrgläubig.* Sie wurden deshalb bedrückt und verfolgt. Die *Kontraremonstranten* hingegen bildeten die im kalvinischen Sinne *rechtgläubige niederländische Staatsreligion.* Die *Mennoniten* waren nach schrecklichen Verfolgungen der Wiedertäuferzeit zu einer *Gemeinschaft der Stillen* im Lande geworden. Ihre Lehre war reformiert, doch sie verwarfen Kindertaufe, Kriegs- und Staatsdienst und den Eid. Als „Sekte" und Minderheit waren sie nirgends in gesicherter Lage. Weil sie sich durch ernste Frömmigkeit und schlichte Bürgertugenden auszeichneten und als zuverlässige Bürger und solide Geschäftsleute bekannt waren, wurden sie zur Übersiedlung nach Glückstadt aufgerufen. Hier waren sie vom Dienst im Bürgermilitär befreit und leisteten keinen Bürgereid, sondern gaben stattdessen eine einfache Verpflichtungs- erklärung ab.

Alle drei reformierten Bekenntnisse benutzten *dieselbe Kirche,* das einfache zweistöckige Haus *ohne Turm und Glocken* Schlachterstraße 7/ Ecke Kl. Deichstraße, in dem auch die gemeinsame Schule unterge- bracht war. Die Kontraremonstranten als die „eigentlichen Reformier- ten" bedrängten die beiden anderen Bekenntnisse derart, daß die Remonstranten sich 1642 beklagten, sie hätten seit sechs Monaten kei- nen Gottesdienst mehr halten können. Die Mennonitengemeinde ging aus dem Felde, kaufte 1655 das kleine bescheidene Haus Am Hafen 34 und richtete es als ihre Kirche ein. In einer Streitsache im Jahre 1684 um die Besitzrechte am Friedhof traten nur noch die Reformierten und die Mennoniten, aber nicht mehr die Remonstranten auf. Die Reformier- ten hatten sie überflügelt und verdrängt. Auch die kleine Mennoniten- gemeinde schwand dahin, wurde 1734 förmlich aufgehoben und ihr Besitz der Schwestergemeinde in Altona übertragen. Diese verkaufte die Kirche 1792 dem Schiffer Siemen Knüppel für 1095 Mark Kurant.

Nach dem Tod des letzten reformierten Pastors im Jahre 1816 wurde dessen Stelle nicht wieder besetzt und die Gemeinde aufgelöst. Die Kir- che wurde 1818 verkauft, der Friedhof der lutherischen Gemeinde zugewiesen.

Königstraße: Synagoge — Gießhaus — Landesregierung

Das Grundstück Nr. 6 war Standort der Synagoge. Daher hieß der vor- dere Abschnitt der jetzigen Königstraße vom Markt bis zur Reichen- straße früher Judenstraße.

Die willkürlich aus dem Boden gestampfte Planstadt mußte mit tüchtigen Bürgern bevölkert werden. Daher lud König Christian IV. neben *reformierten Niederländern auch portugiesische Juden* nach Glück- stadt ein, die wegen ihres Glaubens bedroht oder verfolgt wurden, und sicherte ihnen Glaubensfreiheit zu. Es kamen „meist begüterte, in Han- del und Gewerbe wohl erfahrene Leute, mehr aristokratische Elemente, die zum Aufblühen der jungen Stadt nicht wenig beitrugen." „Durch die Judennation ist Glückstadt am Anfang am meisten in Ansehen ge-

51

kommen." Als erster portugiesischer Jude siedelte sich 1619 Albert Dionis an. Er richtete hier die Münze ein und war des Königs besonderer Vertrauensmann und Ratgeber. Während der Wallensteinschen Belagerung 1627/28 verwahrte er das städtische Archiv. Andere „Portugiesen" betrieben eine Zuckersiederei, Seifensiederei, Salzsiederei, Gerberei und eine Ölmühle. Ein Privileg des Königs vom 3. August 1619 garantierte ihnen Religionsfreiheit, einen Friedhof — man kann ihn noch an der Pentzstraße besichtigen —, uneingeschränkte Bürgerrechte und Freiheit des Handels und Gewerbes. Ein neuer Freibrief von 1630 erlaubte ihnen, eine Synagoge zu bauen. Ihre Rechte, gottesdienstliche Zusammenkünfte zu halten, ihre Bräuche zu üben, ihre Jugend religiös zu unterweisen, eigene jüdische Ärzte zu haben und ihre hebräischen Bücher zu drucken und zu gebrauchen, wurden bestätigt. Ausdrücklich wurde ihnen zugesichert, daß sie nicht in abgesonderten Vierteln wohnen und keine besonderen Abzeichen tragen sollten. Allerdings waren *in Glückstadt nur portugiesische, sephardische, nicht aber aschkenasische, hochdeutsche Juden zugelassen.* Die sephardischen Juden genossen in Glückstadt Freiheiten des Glaubens und des Lebens wie an nur wenigen Orten der Welt.

Weil Glückstadt sich wirtschaftlich nicht in der erwarteten Weise entwickeln konnte, wanderten die portugiesischen Juden gegen Ende des 17. und zu Beginn des 18. Jahrhunderts wieder ab. Durch Ansiedlung von Schutzjuden bildete sich eine *Gemeinde von deutschen Juden,* deren Zahl im 19. Jahrhundert jedoch auch wieder abnahm (1835: 188; 1871: 35; 1905: 8 und 1925: 4 Gemeindeglieder). Schließlich war die Gemeinde nicht mehr in der Lage, die baufällig gewordene Synagoge instandzusetzen. Sie verkaufte sie daher 1895 der Stadt Glückstadt auf Abbruch. Im Jahre 1914 wurde als letzter Sammy Levy auf dem Judenfriedhof beerdigt. Seine Witwe übergab dem Magistrat einige Akten und das Vermögen der Gemeinde. Dafür verpflichtete sich die Stadt Glückstadt, den Friedhof instandzuhalten.

Über die erste Synagoge in Glückstadt ist nichts bekannt. Über die zweite liest man in der „Säkular-Feyer" von 1801: „1767 wurde die *Judensynagoge neu gebaut",* und 1901: „1895, Mitte Juni wurde die Synagoge abgebrochen." Von ihrem Aussehen können wir uns ein Bild machen durch eine Zeichnung, die Ferdinand Oesau aus seiner Erinnerung skizziert und die Asta Rassiga ausgeführt hat. Das Detlefsenmuseum besitzt den Portalschlußstein mit der hebräischen Inschrift

„528 nach der kleinen Rechnung" = 1768, einen Davidstern aus Flacheisen von der Grundstückspforte, ein Stück Schriftrolle und zwei Siegelpetschafte. Den bronzenen Kronleuchter hat Captain Goldberg dem Detlefsenmuseum in der Nachkriegszeit weggenommen und dem Jewish Museum in London geschenkt. Vier Thoramäntel, die er auch mitgenommen hatte, hat er dem Jewish Museum in Manchester vererbt. Von dort hat sie das Detlefsenmuseum zurückbekommen. Das jetzige Wohnhaus auf dem Grundstück ist das einzige Gebäude in der Altstadt, das *mit historischer Berechtigung von der Bauflucht abweicht,* denn es dokumentiert in etwa die Lage der ehemaligen Synagoge, die nicht in die Bauflucht eingegliedert gewesen ist, sondern von der Straße abgesetzt mehr in der Tiefe des Grundstücks gestanden hat. Dem Haus Nr. 4/5 links vom einstigen Synagogengrundstück ist sein ehrwürdiges Alter anzusehen. Es *stammt aus dem 17. Jahrhundert.* Leider ist die Fassade durch die aquariumartige Neugestaltung des Erdgeschosses verhunzt worden. 1695 war Justizrat Horn Hausbesitzer. Zunächst als Mieter wohnte hier Oberst, später *Generalmajor Johann Sigismund Fuchs* (1659–1719). Im Kampf gegen Hamburg um die Sternschanze hatte er 1686 ein Bein verloren. Von 1705 bis zu seinem Tode war er *Kommandant der Festung Glückstadt.* Sein Epitaph hängt in der Eingangshalle der Stadtkirche. Im Detlefsenmuseum wird seine Trauerfahne aufbewahrt. 1757 war Generalmajor von Leuenberg Eigentümer, der das Haus an den Generalmajor von Nostiz vermietete. Er war Festungskommandant von 1753 bis 1770 und kaufte 1758 ein eigenes Haus in der Königstraße. Im 19. Jahrhundert war das Gebäude *Militärkrankenhaus* und schließlich Fabrikantenwohnung und *Betriebsgebäude der Schuh- und Militäreffektenfabrik* des Herrn Mendel, später Lenck.

Die Geschichte des Hauses Nr. 9 läßt sich auch *bis ins 17. Jahrhundert zurück* nachweisen. Bis 1811 war es *Sitz hoher Beamter.* Auf den Oberkriegskommissar Anter um 1700 folgte der Etats- und Konferenzrat von John, Vizekanzler der Glückstädter Regierungskanzlei um 1720 bis zu seinem Tode 1732. Sein Amtsnachfolger war der Konferenzrat Jakob Johann von Wasmer. Nach von John ist der Advokat und Obersachwalter Roetger als Besitzer verzeichnet. Von dessen Erben kaufte 1774 der Regierungs- und Obergerichtsadvokatus Johann Moritz Brüning das Haus. Er war *Stadtpräsident* der Stadt Glückstadt 1808–1811. Zu seiner Zeit muß die *klassizistische Überformung* geschehen sein, in der das Haus im Zuge der Altstadtsanierung restauriert worden ist. Nach 1811 war das Haus, nun mit *Bäckergerechtigkeit* verbunden, bis um 1900 im Besitz von Bäckermeistern, seit 1817 über mehrere Generationen der Familie Frevert. Danach wurde es dann *Fabrikantenwohnung einer Möbelfabrik*, mit der der rechts neben dem Haus gelegene Garten überbaut worden war.

Während es in der Altstadt *sonst nur Objektsanierungen* gegeben hat, wurde in dem Quartier zwischen Königstraße, Klein Neuwerk, Groß Neuwerk und Jungfernstieg eine *Flächensanierung* durchgeführt. Der Gebäudekomplex des Landesfürsorgeheims wurde abgerissen und die freigewordene Fläche mit Wohnungen bebaut. Ursprünglich stand hier an der Königstraße das *Wagenhaus der Festung* (Abb. 10), ein Vierflügel-

Abb. 10   Das Wagenhaus

bau um einen Innenhof. Hier waren die Geschützlafetten und der Fuhrpark untergebracht. Nach Schleifung der Festung wurde es *Exerzierhaus* der Garnison. 1875 richtete die Provinzialverwaltung im ehemaligen Wagenhaus eine *Korrektionsanstalt* ein, die sich mit ihren

Gebäuden bald über das ganze Viertel ausdehnte. Die einsitzenden Korrigenden waren wegen Landstreicherei, Bettelei, Trunksucht u. ä. durch Gerichtsbeschluß eingewiesen und sollten durch Arbeit in der Landwirtschaft (– zur Anstalt gehörte ein großer Bauernhof vor der Stadt –), Tütenkleben, Herstellen von Fußmatten und Netzen für die Hochseefischerei sowie durch militärische Disziplin gebessert werden. Ein von einem Insassen geschaffenes Ölgemälde „Heimkehr des verlorenen Sohnes" hing in der Eingangshalle. In den entsprechenden Berufen Ausgebildete konnten auch in der anstaltseigenen Schlosserei, Tischlerei, Buchdruckerei und Buchbinderei arbeiten. Sie lebten hinter vergitterten Fenstern, Schloß und Riegel und waren in Drillichanzüge gekleidet. Außer den Pflichtinsassen, die schirmlose schwarze Mützen trugen, gab es Freiwillige, die man an ihren hellgrauen Schirmmützen erkannte. In einem *angeschlossenen Altenheim* waren die „Veteranen der Landstraße" untergebracht. Sie gingen nachmittags in ihren armseligen Kleidern in der Stadt spazieren und sammelten Zigaretten- und Zigarrenstummel, wobei sie oft von den Glückstädter Jungen unterstützt wurden. Nach dem 1. Weltkrieg wechselte die Benennung. Aus der Korrektions- wurde eine *Landesarbeitsanstalt*. Die Korrigenden wurden zu Insassen. Anfang April 1933 ordnete der Landrat des Kreises Steinburg die *Einrichtung eines „Schutzhaftlagers"* in der Anstalt an, in dem Kommunisten, Sozialdemokraten und Gewerkschaftler 1 Tag bis 9 Monate ohne richterlichen Beschluß in Haft gehalten wurden. Bewacht wurden sie von SA-, SS- und Stahlhelmleuten, die zu Hilfspolizisten ernannt worden waren. Körperliche Mißhandlungen der Häftlinge waren nicht an der Tagesordnung. Befragungen von Zeitzeugen haben jedoch ergeben, daß in Einzelfällen mit dem Gummiknüppel geschlagen worden ist. Am 16. 12. 1933 verfügte der Landrat die Auflösung des Glückstädter Konzentrationslagers. Zur Erinnerung an diese Phase in der Anstaltsgeschichte wurde an der Front des Gebäudes Am Jungfernstieg 1/2 ganz rechts eine *Gedenktafel* angebracht. Nach dem 2. Weltkrieg waren die Wachtmeister nicht mehr uniformiert und bekamen die neue Dienstbezeichnung Erzieher. Die Anstalt war *Landesfürsorgeheim* geworden, in dem schwersterziehbare Jugendliche aus dem ganzen Bundesgebiet untergebracht waren. Am 31. 12. 1974 löste die Schleswig-Holsteinische Landesregierung das Heim nach fast 100jähriger Anstaltsgeschichte auf. Eine Anschlußnutzung für die Gebäude fand sich nicht, daher wurden sie abgerissen.

Eine *Inschrifttafel* an der linken Seitenfront bezeugt dem Gebäude
Am Jungfernstieg 3/3a zwischen den Einmündungen vom Groß Neuwerk und der Namenlosen Straße sein Alter:

1 SAM: JV. 12.

BIS HIEHER HAT UNS
DER HERR GEHOLFEN
ALLE UNS KENNEN GEBE
GOT WAS SE UNS GUNEN
JOHAN GRÜWELL.
KATTRNA GRÜWELL.
ANNO 1678

Die Baulücke zwischen Am Jungfernstieg 5 und dem Eckhaus Am
Hafen 36 läßt erkennen, daß hier früher das *Dovenfleth* den Platz durchquerte.

Das jetzt *zweigeschossige klassizistische Traufenhaus* Nr. 12 über hohem
Kellergeschoß mit übergiebelten Mittelrisalit wurde im Jahre 1800 auf
dem Platz von zwei abgerissenen Wohnhäusern erbaut. Es hatte
ursprünglich über den beiden seitlichen Fensterachsen je eine Gaube in
einem Masarddach. Über diesen beiden seitlichen Achsen wurde die
Fassade 1903 um ein Stockwerk bis an die Basis des Giebeldreiecks
heran erhöht. Diese Veränderung wurde so gut angepaßt, daß sie später
für ursprünglich angesehen worden ist. Das Porträtmedaillon im Giebel
stellt einen idealen Männerkopf im Profil nach links in der Haartracht
um 1800 dar.

Am Jungfernstieg 13/Ecke Schenkstraße steht das letzte noch weitgehend in der Originalform erhaltene Beispiel einer Bude, ganz ähnlich den *Soldatenbuden oder Kommißhütten,* die Christian IV. ab 1633 als
Unterkünfte für seine verheirateten Soldaten bauen ließ. Das kleine
Haus ist als Geschichtsdenkmal für die Stadt und Festung sehr bedeutsam. Seine Erhaltung ist erforderlich, zumal es zum Unikat geworden
ist.

Der neuen Baugruppe gegenüber steht an der Königstraße Nr. 41 der
Hauptflügel des einstigen *Gießhauses* (Abb. 11) der Festung, jetzt Buchdruckerei Rautenberg. Der Seitenflügel an der Ballhausstraße, früher

Abb. 11 Das Gießhaus

auch „Hinterm Gießhaus" genannt, ist in den 1930er Jahren abgerissen worden. Hier wurden vor allem Geschützrohre aus Bronze gegossen. Gegründet wurde es 1641 von dem Handelshaus und nordeuropäischen Finanzimperium Berns und Marselis aufgrund eines Vertrages mit Christian IV. Sie durften alle Potentaten beliefern, doch war der König bevorzugt zu bedienen. Außer dem Gießhaus unterhielten Berns und Marselis noch das Zeughaus und den Pulverturm auf dem Rethövel. Als Leiter setzten sie, − selbst Niederländer reformierter Religion, − ihren Landsmann und Glaubensbruder *Franciscus Ahasverus Roen* (sprich „runn") ein, ab 1652 von Roen genannt und ab 1656 als Stückhauptmann bezeichnet (Stück = Geschütz, Kanone). Er war also Offizier und hatte in der Festung die Funktion des Artilleriekommandeurs der Nordfront. 1644 begann er hier in Glückstadt mit der Fertigung des vermutlich von ihm geschaffenen *ersten einheitlichen dänischen Geschützsystems*. Nach bisherigen Feststellungen hat Roen im Glückstädter Gießhaus für die Königlich dänische Landartillerie 185, für den Herzog von Schleswig-Holstein-Gottorf 23 und für den Reichsgrafen von Rantzau 9 Kanonen, für die Königlich Dänische Flotte 99 Schiffsgeschütze, für den Grafen von Oldenburg-Jever-Delmenhorst 6 Kanonen und 3 Mörser gegossen, insgesamt mithin 325 Geschütze. Sein *Nachfolger Johann Lehmeyer* (1653–1705), Sohn des Stralsunder Bronzegießers und Stückhauptmanns Adam Lehmeyer, schuf dann noch 19 Mörser für die dänische Landartillerie. Außer diesen nachgewiesenen 344 „Stücken" wurden in Glückstadt weitere Bronzegeschütze in bisher nicht festgestellter Zahl geschaffen. Geschäftsverbindungen gab es z. B. mit dem König von Frankreich und dem Sultan von Marokko. Außer Geschützen sind aus der Werkstatt Roens und nach ihm Lehmeyers *auch Glocken und andere Werke der Gießerkunst* hervorgegangen. Festgestellt sind bisher 42 Glocken von Roen und 11 Glocken von Lehmeyer. Erhalten geblieben sind von den Werken Roens im Zeughausmuseum Kopenhagen drei Landgeschütze und ein Schiffsgeschütz, im Artilleriemuseum Woolwich/London ein Landgeschütz, im Armeemuseum Stockholm 29 Landgeschütze und im Government Museum Haiderabad/Indien ein vermutlich für den König von Frankreich gegossenes Geschütz mit dem Monogramm „L". Ein neuer Fund ist bei einer Wrackuntersuchung vor der Küste der Insel Rügen zutagegekommen. Der Bürgermeister von Glückstadt bemüht sich, dies Stück für das Detlefsenmuseum zu bekommen. Dem Lions Club Glückstadt verdankt das Museum die *gute Nachbildung eines Zwölfpfünders von F. A. Roen aus der Stockholmer Sammlung,* die im Museumsgarten aufgestellt ist. Weitere erhalten gebliebene Werke Roens sind eine Glocke im Herrenhaus Propsteierhagen, eine Erztafel für Marquart Pentz in der Marienkirche Bad Segeberg, eine Glocke bei der Kirche zu Hamburg-Nienstedten (Glockendenkmal) und eine im Konrad-Struve-Museum Elmshorn. Von Lehmeyer sind erhalten ein Mörser im Zeughausmuseum Kopenhagen, je eine Glocke in der Kirche zu Altenkrempe, zu Misselwarden und zu Midlum und ein Taufbecken in der Kirche zu Lebrade. 1669 verkauften die Erben des Albrecht Baltzer Berns das Gießhaus an den König. Die Leitung behielt Roen. Er starb 1677. Seine *vor kurzem gefundene Grabplatte* ist in den Museumsgarten geschafft worden. Nach dem Tode seines Nachfolgers Lehmeyer sind als Werke des Glückstädter Gießhauses nur noch zwei Altarleuchter für die Kirche zu Neuenbrook bekannt geworden. Nach 1720 findet man in den bürgerlichen Registern keine Rotgießer mehr. Der Betrieb des Gießhauses hat wohl bald nach dem Beginn des 18. Jahrhunderts aufgehört.

Es liegen Festungspläne vor, auf denen der Gebäudekomplex als Gieß- und Zeughaus oder auch allein als Zeughaus bezeichnet wird. Schon 1652 hatte König Friedrich III. einen Vertrag mit den damaligen privaten Betreibern geschlossen, „daß uns das unterste Logiement des Gießhauses zu Niedersetz- und Verwahrung unserer Canonen und

Stücken ohn sonderliche Erstattung gegönnet werden möge." Pläne des Holsteinischen Ingenieurkorps um 1800 befassen sich mit dem Umbau des Gießhauses zu einer Kaserne.

Nach der Schleifung der Festung 1815/16 wurde im einstigen Gießhaus *„Das Neue Zuchthaus"* eingerichtet, das 1839 zum großen Teil abbrannte. Nach dem Wiederaufbau wurde es noch bis 1927 als *Strafanstalt* genutzt, anschließend als *Notunterkunft für obdachlose Familien,* für *Lagerzwecke der Stadtverwaltung* und als *Behelfsturnhalle der Volksschule.*

Das zweigeschossige Gießhaus mit hohem Satteldach hatte ursprünglich an seinem *Westende einen Turm,* der um 1750 schon bis auf einen Stumpf abgetragen worden ist. Die Hauptfront zur Königstraße war gegliedert durch ein übergiebeltes Portal in der Mitte und rechts und links davon je sieben Fensterachsen. Diese Gliederung ist erkennbar geblieben. Am Ende des rechten Flügels sind außerdem über vier Fenstern des Obergeschosses noch die Rundbögen als Stilmerkmale des 17. Jahrhunderts erhalten.

Ein Beispiel Schleswig-Holsteinischer *Heimatschutzarchitektur* mit traditionellen Ziegelmustern ist das 1925 erbaute Polizeidienstgebäude Nr. 39. Beim Nachbarhaus Nr. 38 mit seitlichem Barockportal ist das ursprüngliche Mansarddach sehr *arg verunstaltet* worden. 1640–1643 hatte die *Glückstädter Münze* unter der Leitung des Münzmeisters Simon Timpf im Haus Nr. 37 ihren Standort. 1695 gehörte es dem Kriegsrat Johann Jakob von Wasmer, dem späteren Erben und Besitzer des Palais nebenan.

Das geschichtlich und kunstgeschichtlich bedeutendste profane Bauwerk in Glückstadt ist Nr. 36, das *Wasmer-Palais.* Im Jahre 1644 erbaute der Zollschreiber Michael von up dem Busche das Ursprungsgebäude, das er vermietete. Er war ein hoher Staatsbeamter, gehörte der Schloß- und Garnisonsgemeinde an und genoß bedeutende Privilegien. Er bewohnte sein Haus Am Hafen, das im Werte von 2400 Mark zu den qualitätsvollsten in der Stadt gehörte. 1646 oder 1647 ist er gestorben. Über die Lage des 1644 errichteten Gebäudes auf dem Grundstück Nr. 36 in der Königstraße sowie über seine Ausmaße und Gestalt kann man nur Vermutungen anstellen aufgrund von nur zwei vorliegenden Fakten: Für 1300 Mark kaufte der Obristleutnant, später

Generalmajor Johann Eckerich Lübbes (1600–1661), *Kommandant der Festung Glückstadt* 1649–1656 und 1658–1660, im Jahre 1652, das Haus von Michael von up dem Busches Kindern. Der Kaufpreis ist zwar vergleichbar mit den Werten der Häuser hochrangiger Persönlichkeiten in der Stadt, erscheint jedoch für ein Gebäude von den Ausmaßen des Wasmer-Palais im jetzt bekannten Umfange zu niedrig. Es liegt auch noch aus den Akten J. E. Lübbes im Reichsarchiv in Kopenhagen eine grobe Lageskizze vor, auf der „H(errn) Commandanten hauß" in einer Fluchtlinie mit den Nachbarhäusern an der Schloßstraße – eine früher auch gebräuchliche Bezeichnung der Königstraße – dargestellt ist. Die Gebäudefront und das Grundstück sind breiter gezeichnet als die der Nachbarn. Danach müßte das ursprüngliche, nicht mehr vorhandene Haus direkt an der Straße gestanden haben. Lübbes nutzte sein Wohnhaus auch dienstlich als *Kommandantur.* Das taten übrigens alle anderen Kommandanten in der Glückstädter Festungsgeschichte auch. Nach Lübbes Tod verwaltete Dr. jur. Johann Georg Wolff, der Ehemann seiner Enkelin und Erbin deren Besitz und Vermögen. Er vermietete das Haus etwa 1680 an den *Vizekanzler Conrad Wasmer* (1627–1705), der die erhebliche Summe von 2522 Mark an „refections Kosten" (Wiederherstellung, Sanierung) aufwandte, die mit der Miete verrechnet werden sollte. C. Wasmer wurde 1680 Vizekanzler der Königlichen Regierung in Glückstadt und 1695 geadelt. Die Höhe des von ihm für Sanierungsmaßnahmen aufgewandten Betrages läßt eine sehr *gründliche bauliche Veränderung* vermuten. Aus dem Konkurs des Dr. Wolff ging das Gebäude 1683 in Conrad Wasmers Besitz über. Es ist möglich, daß das „Corps de logis", der Hauptbau mit der Herrschaftswohnung an der Stirnseite des „Cour d'honneur", des Ehrenhofes erst von Conrad Wasmer in den 1680er Jahren errichtet worden ist. Allerdings weisen die Entlastungsbögen außen über den Fenstern des Oberstocks und die keulenförmigen Docken der Bodentreppe im Inneren weiter ins 17. Jahrhundert zurück.

Nach dem 1695 in den Adelsstand versetzten Conrad von Wasmer war sein *Sohn Jakob Johann* (1671–1747) Besitzer. 1695 wurde er Kanzlei- und Regierungsrat, später Justiz- und Etats- und zuletzt noch Konferenzrat. Wie sein Vater wurde auch er „Vicekanzler bey der Glückstädtischen Regierung" von 1732 bis 1747. Nach dem Tode seiner ersten Frau heiratete er in 2. Ehe Anna Johanna Pauli von Rosenschild. Er ließ das Haus 1726/29 *im Barockstil überformen.* Über dem Portal ist in einem geschweiften und gesprengten Giebel eine Kartusche mit seinem und seiner zweiten Frau Ehewappen angebracht. Es ist eine Nachbildung. Das stark verwitterte Original befindet sich im Detlefsenmuseum. Innen geht vom Vestibül, es wird durch eine wohl nicht ursprüngliche Trennwand sehr eingeengt, eine zweiläufig-gegenläufige Treppe aus mit kunstvoll beschnitzten Balustern aus Eichenholz. Sie ist 1875/76 beim Umbau des Palais zur Schule verlegt worden in ihre überhaupt nicht dem Barock entsprechende in die Ecke gequetschte Position. Über ihre ursprüngliche Lage im Hause kann man sich schwer eine Vorstellung bilden.

Vier *reich stuckierte, von Andrea Maini* (geb. 1683) *aus Lugano geschaffene Innenräume* sind erhalten. Der Künstler kam von Ottobeuren nach Glückstadt. Er hatte dort bei der Gestaltung der weltberühmten Reichsabtei mitgewirkt. Außer in Ottobeuren und Glückstadt ist er tätig gewesen in Meiningen 1706/08, Schwerin 1715 und Füssen 1721/24.

Dem Hauseingang gegenüber liegt im Barockschloß die Sala terrena, der *ebenerdige Gartensaal.* Ob es im Hause Wasmer auch so gedacht war, weiß man nicht. Einen Ausgang aus dem Mittelzimmer auf die einstige, *von einer Balustrade umgebene Terrasse* hat es jedenfalls nicht gegeben. Hauptelemente der Stuckdecke sind hier *plastisch hervortretende Adler,* die eine *Eichengirlande* halten, Vasen und in den vier Ecken Dämonen.

Durch einen engen, gar nicht barockgemäßgen Korridor gelangt man zu den beiden nächsten Zimmern, zwischen denen die Wand entfernt worden ist. Man betritt zunächst den schlichteren Teil *ohne Girlandenschmuck,* wohl ein Vorzimmer, denn einen anderen Zugang hat das Zimmer dahinter nicht. Ein *Fries aus Muscheln und Akanthusblättern* bildet dessen oberen Wandabschluß. Akanthus wird zu den glorifizierenden Motiven der barocken Raumausstattung gerechnet. Die Decke umläuft eine *Lorbeergirlande.* Im Spiegel ist das *einzige Deckengemälde* im Hause erhalten: Zeus und Semele. Aus den vier Eckkartuschen schauen drei Puttos mit freundlichen Gesichtern heraus. Der vierte zeigt das Gegenteil. Die Wände dieses Raumes und des Vorzimmers sind glatt, also wohl bespannt gewesen. Ob hier womöglich das Wasmersche Schlafgemach mit Ankleidezimmer gewesen ist, sei dahingestellt.

Durch das *Treppenhaus* mit seinen *eigenartig „marmorierten" Wänden* gelangt man in den Oberstock. Aus einer *Illousionstür* schaut ein *gemalter Mohr* heraus, nicht mehr der ursprüngliche, denn der hatte ein Messer im Mund. Das erschien dem Glückstädter Malermeister Milkereit um 1900 zu beängstigend für Schüler, die durch die gegenüberliegende Tür zum Rektor mußten und sich damit ohnehin in bedrohlicher Lage befanden. Er malte also einen neuen Mohren ohne Messer gleich mit, als er das Treppenhaus zu tünchen hatte. Das gutgemeinte Werk des Malermeisters war gar zu primitiv geraten und sollte dennoch für 10 000,– DM restauriert werden. Das mißfiel zwei jungen Lehrern sehr. Der eine von ihnen malte den Milkereitschen Mohren sehr viel kostengünstiger ab auf eine Hartfaserplatte mit einigen kleinen Korrekturen. Dann zerstörten sie das arg lädierte Bild ganz und ersetzten es durch das jetzt vorhandene.

Der *Festsaal im Obergeschoß* gilt als die „hierzulande großartigste Raumgestaltung des Spätbarock. Dekorative Wandinkrustationen aus stuccolustro, großtaktig durch Pilaster, die ein schweres Konsolgesims tragen, und reich dekorierte Kaminrisalite gegliedert. Stukkierte Voutendecke (Voute = Versteifungsteil zwischen Wand und Decke) in den Randzonen auf komplizierte Weise durch geschweifte Gesimse, Felderausschnitte und Girlanden belebt. In den Ecken Puttenallegorien der Jahreszeiten und große, auf dem Gesims liegende Muscheln" (Dehio). Die von den Adlern in den Kaminnischen gehaltenen *Girlanden* sind *von Lorbeer* und die an der Decke von den Lampenfeldern ausgehenden *von Eichenlaub*. An der Wand links und rechts von der Eingangstür sind die *Wappen des Besitzerpaares* aufgemalt: von Wasmer und Pauli von Rosenschild.

Der heutige Betrachter erkennt, daß es eine sehr schwierige, eigentlich unlösbare Aufgabe gewesen ist, im aus dem 17. Jahrhundert stammenden Haus ein barockes Raumprogramm unterzubringen. Die Räumlichkeiten sind beengt und niedrig. Kamphausen meinte, bei der Bemessenheit der Räume wirkten die Stukkaturen „wie Blasmusik in der Stube."

Die Familie von Wasmer geriet in *finanzielle Schwierigkeiten*. Daher mußte das Palais 1752 mit der reichhaltigen Ausstattung verkauft werden. Nachdem um 1700 das Königliche Schloß Glücksburg am Hafen unbewohnbar und schließlich wegen Baufälligkeit abgerissen worden war, mußte die Landesregierung zur Miete, zunächst im Liliencronschen Haus Am Hafen 15/16/Ecke Reichenstraße und dann im Haus der Proviantverwalterswitwe Jessen Am Hafen 46/Ecke Ehebrechergang unterkommen. Wenn Mitglieder des Königshauses nach Glückstadt kamen, mußten sie die Gastfreundschaft z.B. des Admirals von

Paulsen in der Admiralität auf dem Rethövel in Anspruch nehmen. Daher ergriff der Fiskus die Gelegenheit und kaufte das Palais, das damit *Königliche Residenz und Regierungs-, später Obergerichtsgebäude* wurde, bis 1867 die Preußen kamen. Ein letzter Akt von welthistorischer Bedeutung ging 1807 von hier aus: Als die Engländer Kopenhagen überfallen hatten und die dortigen Regierungsbehörden außer Funktion waren, erklärte auf Befehl des Regenten von Dänemark, Kronprinz Friedrich, der Kanzler der Regierungskanzlei in Glückstadt und Direktor des Holsteinischen Obergerichts, Kai Lorenz von Brockdorff, England den Krieg. Mit Dänemark stand nun auch Schleswig-Holstein bis 1814 auf der Seite Napoleons.

Nach einer Übergangszeit als *Kaserne eines militärischen Wachkommandos* kaufte die Stadt das Palais und richtete es 1875/76 für die *Bürgerschule* her. Diese Bezeichnung kam in Gebrauch, als 1814 von der Stadtschule die lateinischen Klassen abgetrennt und als staatliche Gelehrtenschule eingerichtet wurden. Die Benennung als Bürger- und als Gelehrtenschule war zunächst eine Unterscheidung nach Ziel und Zweck, führte jedoch dann auch zu sozialer Abgrenzung und eigenen Überlieferungen, die bei beiden Schulen von ihren Ehemaligen besonders gepflegt werden. Die amtliche Bezeichnung Volksschule hat sich hier nie durchsetzen können. Man hielt an seiner alten Bürgerschule fest. Sie wurde gleichsam zur Mutterschule für alle weiteren Schulen, die aus ihr sowohl organisatorisch als auch von ihrem Standort aus hervorgingen, die Realschule, die Sonder-, jetzt Förderschule mit dem Namen Stadtschule und die Grund- und Hauptschule mit dem Namen König-Christian-Schule. Zur besonderen Freude der Ehemaligen führt die hier verbliebene Grundschule seit 1993 den offiziellen Namen Bürgerschule.

Im 2. Weltkrieg diente das Palais mit den hinzugekommenen Anbauten als *Marine-Reservelazarett* und noch bis 1948 als Krankenhaus. Danach wurde es wieder schulisch genutzt, in den 1970er Jahren restauriert, und jetzt ist die *Volkshochschule* hier untergebracht.

Sowohl bei der Einrichtung des Wasmer-Palais als Residenz und Regierungssitz im 18. Jahrhundert als auch beim Umbau zur Schule 1875/76 sind verändernde Eingriffe vorgenommen worden. Schon der Augenschein läßt erkennen: Die *Seitenflügel in ihrer jetzigen Form sind sekundär.* Ohne Abstand stoßen sie unmittelbar an die Fensterachsen des Hauptgebäudes, ein ästhetischer Verstoß, der keineswegs ursprünglich beabsichtigt gewesen sein kann. Eine Bauuntersuchung hat denn auch ergeben, daß die Fensterfluchten des Haupttraktes in den Bereichen der Anbauten im Mauerwerk fortlaufen. Nach der Verkaufsbeschreibung von 1752 enthielt der eine Seitenflügel „eine geraume und wohlangelegte Küche, worunter 3 Keller nebst einem Waschhause," der andere war „zu einem Gewächshause eingerichtet und gewölbt". Diese Beschreibungen lassen den Schluß zu, daß die ursprünglichen Seitentrakte wahrscheinlich nur einstöckig und in harmonischer Weise mit dem Hauptbau verbunden gewesen sind.

An der Straße stand ein Vordergebäude mit einer Einfahrt in den Hof, auf der einen Seite der Pforte „ein *wohleingerichteter Stall zu 8 Pferden* nebst einer darin befindlichen Kammer vor den Kutscher", auf der anderen eine „*Remise zu drei Karossen.*" „In der Mitte des Hofes befindet sich ein *vortrefflicher Regenbach,* worinnen das Wasser vom Hause durch kupferne Röhren geleitet wird." Beim Einbau eines Heizöltanks in den 1950er Jahren ist die aus harten kleinformatigen gelben Steinen gemauerte Zisterne zerstört worden. Eine Hälfte des Mauerwerks steckt jedoch noch im Boden. Eine gefundene Zuleitung bestand nicht aus Kupferrohr, sondern aus einem im Kern ausgebohrten Stück Baumstamm, das ins Detlefsenmuseum gebracht worden ist.

Die Seitenflügel stammen in ihrer heutigen Form sicherlich aus der *Epoche der Residenz und Landesregierung.* Zugleich wird zu dieser Zeit auch das nicht mehr benötigte Stall- und Remisengebäude fortgenommen worden sein. Beim *Umbau 1876/77 zur Schule* wurden die *Nebenportale* angelegt. Die Umrahmungen sind nicht aus Sandstein sondern aus Zementmörtel. Die Fassadenfenster an der Straße wurden um eine Scheibe erhöht, die Fenster in einem Zimmer verbreitert, Scheidewände weggenommen, eine Treppe verlegt (!), ein Korridor im Obergeschoß hergestellt, die erforderliche Anzahl neuer Fenster in der westlichen Mauer zum Nachbargrundstück (damals Prof. Dr. Detlefsen) angelegt. Auch die *barocke Überformung von 1726/29* ist damit *weitgehend gestört,* wobei die Verlegung der Treppe ein besonders schwerwiegender Eingriff gewesen sein muß. Das heutige Wasmer-Palais ist geprägt durch sein historisches Schicksal der mehrfachen Veränderung im Wandel der Zeit.

Neben dem Wasmer-Palais auf dem Platz des *ursprünglichen Schloß- und Garnisonspastorates* steht das gegen 1850 vom Zimmermeister Trede erbaute Haus Nr. 35. Er richtete 1856 neben dem neuen Bahnhof der gerade bis Itzehoe verlängerten „Glückstadt-Elmshorner Eisenbahn" eine Gasanstalt ein zur Beleuchtung der Stadt mit „Röhrengas". In den 1870er Jahren gehörte das Haus Prof. Dr. Detlef Detlefsen.

Auf der gegenüberliegenden Straßenseite bilden die Häuser Nr. 14 bis 22 eine stilistisch recht einheitliche Zeile traufenständiger Häuser von vier bis sechs Fensterachsen, zum Teil mit Zwerchhäusern. Einige von ihnen sind von ihren Besitzern gut restauriert worden. Auf Plänen des 17. und 18. Jahrhunderts werden sie als *Häuser für Schloßbedienstete* bezeichnet. Nach der Mitte des 18. Jahrhunderts lebten hier in wahrscheinlich neu erbauten Häusern vorwiegend Beamte der Landesregierung und des Obergerichts. Die stilistische Homogenität des Ensembles wird gestört durch die gründerzeitliche Villa auf den Grundstücken Nr. 16/17. Auch wird das Linearitätsprinzip der ursprünglichen Stadtgestalt gebrochen, indem das Gebäude aus der Bauflucht zurücktritt. Der Neubau Nr. 22 hingegen paßt sich der historischen Bebauung an. Das restaurierte klassizistische Gebäude Nr. 23 wurde gegen 1800 errichtet für die vorher etwas weiter hafenwärts am Proviantgraben gelegene Kommißbäckerei. Das kleine Wohnhaus schräg gegenüber, Dithmarschenstraße 1, war der zugehörige Holzstall.

Mitten im Garten steht das Wohnhaus Dithmarschenstraße 12. Früher war es die *Hauptwache am Markt*. Dort stand das Gebäude mit der Rückfront zum Fleth zwischen den Einmündungen der Schlachter- und Königstraße. 1742 ist es auf dem Platz eines Vorgängerbaus errichtet, 1783 renoviert und 1874 abgetragen und am *jetzigen Standort wieder aufgebaut* worden. Hier lebten die *Geschichtsschreiberin der Grönlandfahrt auf Walfischfang und Robbenschlag, Heimathistorikerin und Lehrerin Wanda Oesau* (1893–1966) und ihr Onkel und Stiefvater, der *Bühnenschriftsteller Ferdinand Oesau* (1866–1955). In der Nazizeit forderte der damalige Bürgermeister Frau Oesau auf, den „Judenstern" im runden Giebelfenster zu beseitigen. Sie erklärte ihm jedoch, bei diesem Hexagramm handele es sich nicht um den Davidstern der Juden, sondern um eine in der Kultur der „Arier" altüberlieferte Zierform. Während andere Glückstädter Hausbesitzer der Aufforderung des Nazibürgermeisters folgten und die Hexagramme als Unterteilung von Rundfenstern in den Fronten ihrer Häuser entfernten, behielt Frau Oesau ihren „Davidstern" unbeirrt.

Einen betonten Achsenendpunkt bildet das in die Blickrichtung der Königstraße ragende einstige *Proviantbaus der Festung* (Abb. 12), jetzt

Abb. 12   Das Provianthaus

Schleswig-Holsteinische Farbenfabrik. „Anno 1705 ist das Proviant-Haus von neuem aufgebauet worden, nachdem das alte (von 1633) niedergerissen, so nicht mehr stehen könte." An der nördlichen Giebelmauer ist der Namenszug König Friedrichs IV. (reg. 1699–1730) in barocker Sandsteinkartusche angebracht. Auf fünf 90 m langen Böden, vier in den Hauptgeschossen, einer im Dachgeschoß unter einem hohen Ziegel-Satteldach, wurde der Proviant für die Festungsbesatzung gelagert. Nach der Schleifung der Festung übernahm die Zollverwaltung das Haus, das für die Zollabfertigung, als Materiallager des Wasserbau- und Deichwesens, von einer Reepschlägerei und als Speicher verschiedener Unternehmen genutzt wurde. Während des Krieges 1848/51 diente es der Schleswig-Holsteinischen Armee als *Kriegsgefangenenlager*. Die überlebenden Besatzungsmitglieder der am 5. 4. 1849 bei Eckernförde besiegten dänischen Kriegsschiffe „Christian VIII." und „Gefion", etwa 600 Mann, waren hier interniert. Im Frühjahr 1871 wurden hier französische Kriegsgefangene untergebracht, ehe sie zu Schiff nach Frankreich zurücktransportiert werden konnten. 1887 kaufte die Stadt Glückstadt das Haus und veräußerte es sogleich weiter an einen Unternehmer, der hier ein Dampf-Ölschlägerei einrichten wollte. 1909 wurde die kurz vorher eingerichtete *Korndampfmühle* durch einen Großbrand vernichtet. Beim Wiederaufbau ist das Gebäude mit einem Pfetten-Pappdach gedeckt, statt des ursprünglichen hohen Ziegeldaches, das aus dem Stadtbild markant hervorragte. Durch zwei über das Dach reichende Brandmauern ist das ehemalige Provianthaus in drei Brandabschnitte eingeteilt und dreigeschossig zur Fabrik ausgebaut worden. Statt der vier Reihen kleiner quadratischer Luken erhielt das Haus drei Reihen Fabrikfenster in stehendem Format. Bei einem zweiten Großbrand 1912 entstand abermals Totalschaden. 1921 wurde die Korndampfmühle, im Volksmund „Grüttmöhl", in die Schleswig-Holsteinische *Farbenfabrik,* im Volksmund „Farwmöhl", umgewandelt, die 1928 durch einen dritten Großbrand weitgehend zerstört worden ist. Das dreimalige Abbrennen müßte das Mauerwerk eigentlich sehr gehärtet haben.

„Uns Lebensader is de Hav"

(Aus einem Lied der Vereinigung ehemaliger Primaner des Gymnasiums zu Glückstadt von 1887 von Emil Westphal)

Glückstadt konnte nur an einem Platz gegründet werden, der die Möglichkeit bot, einen Hafen anzulegen. Für die Verwirklichung seiner Pläne befand Christian IV. die Rhinmündung für geeignet. Die Stadt verdankt also ihre Existenz eigentlich der Tatsache, daß sich am *Kielort* die beiden Marschenflüßchen *Kremper und Herzhorner Rhin* zur gemeinsamen Mündung vereinen, die des Königs Wasser- und Deichbaumeister *Eggert Sperforke* zum Hafen gestaltete. „Anno 1619 Ist der Schieff Haven in der Glückstadt un dat Bollwerck an beyden Sihden des Havens dar de Hüse op stadt von den Ingöniör un Werckmeister Eggert Spehrforck fardig Gemackt vor 110 000 M. Dar hadde he idt mit Ihro Kön. Maystätten vor Bedinget," so steht es in den Aufzeichnungen des ersten Stadtschreibers Woldemar Gabel. Er hatte sie in die Kugel der Kirchturmspitze gelegt, und man fand sie, nachdem ein Orkan den Turm 1648 umgeworfen hatte. Weiter heißt es in Gabels Aufzeichnungen: „Anno 1621 heft de Ingöniör und Kön. Werckmeister Eggert Spehrforck dat *Olde Block Huß uht sienem Eigen Büdel Gebauet und fardig gemackt.*" Das mit Kanonen bestückte Blockhaus errichtete Sperforke auf eigene Kosten auf dem damals „wohl um mehr als 30 m" in den Strom hinaus gelegenen Kopf der Nordermole, um seine Werke, den Glückstädter Hafen und die mit riesigem Aufwand an Mühe und Kosten geschaffenen Rhinschleusen, gegen feindliche Angriffe von der Elbe her zu sichern. Zur besseren Beherrschung des damals noch *unter dem diesseitigen Ufer verlaufenden Fahrwassers* wurde auf Befehl König Christians 1636 von seinen Baumeistern Titkens und Klünder *auf dem Kopf der Südermole das Kastell* „vor Glückstadt in die Elbe gebauet," ein achteckiger zweistöckiger Turm aus Backstein mit einer Haube, ähnlich der des Wibeke-Kruse Turmes, auf einer ebenfalls achteckigen Batterieplattform mit Sandsteinbrüstung. Die Instandsetzung des baufällig gewordenen Blockhauses war nicht mehr erforderlich. Es konnte daher 1647 entwaffnet und demontiert werden. Das Kastell hat häufig durch Sturmfluten und Verfall große Schäden erlitten, so daß immer wieder kostspielige Reparaturen erforderlich waren wie 1705, 1740 und 1756. Auch nach der Festungszeit wurde das beschädigte Kastell 1823/24 noch einmal auf Staatskosten repariert. Im Detlefsenmuseum befinden sich zwei Kupferplatten mit lateinischen Inschriften, die 1837 beim Abbruch des Kastells aus dem Knauf der Turmspitze geborgen wurden. Die eine aus dem Jahr 1740 ist König Christian VI. gewidmet. Er hatte das Kastell, welches „durch Alter und heftige Wut der Wellen verfallen" war, „von Grund auf wieder aufbauen lassen." Unter den Entwurfzeichnungen der Wiederherstellung von 1740 ist eine nicht realisierte, die statt der Geschützplattform und des Turms eine Denkmalgruppe darstellt. Möglicherweise ist das ein Hinweis darauf, daß der *militärische Wert des Kastells schon geringer* eingeschätzt wurde. Vielleicht hatte sich das Fahrwasser bereits so weit vom holsteinischen Ufer entfernt, daß die Geschütze der Batterie auf dem Südermolenkopf es nicht mehr wirksam bestreichen konnten. Schließlich beschränkte sich die Funktion des Kastells auf die *eines Wachthauses und einer Salutstation.* Es wurde jedoch nach weitgehender Zerstörung durch die Sturmflut am 7. Oktober 1756 doch wieder instandgesetzt. Bei der Belagerung 1813/14 spielte es für die *Verteidigung Glückstadts überhaupt keine Rolle mehr,* diente aber der feindlichen „British Squadron of the Elbe" als *Landmarke.* Bei einer bestimmten Peilung von „Old Glückstadt Castle" ließen die Briggs und Kanonenboote der Engländer die Anker fallen und lagen dann in einer gut eingemessenen Position, um treffsicher ihre Ziele in der Stadt beschießen zu können. Die zweite Kupferplatte, 1824 vom Glückstädter Goldschmied F. P. Krumstroh gestiftet, lobt König Friedrich VI., der „dies hohe Wahrzeichen, einst Schrecken der Feinde, jetzt Haupt und Zierde des Hafens, den Hin- und Hergeworfenen als Trost, den Geschlagenen als Zuflucht", also als eine Art *Rettungsbake,* wiederherzustellen befahl. Da sich königliche Gnadenerweise wie der von 1823/24 nicht wiederholten, verfiel das Bauwerk mehr und mehr, und Glückstadts Bürger halfen nach, indem sie die *Ruine als Steinbruch* nutzten. Schließlich wurde das einstige „feuerspeiende Königliche Kasteel" im Jahre 1835 nach rund 200jährigem Bestehen abgerissen. Der achteckige Unterbau *blieb als Kopf der Südermole erhalten.* Um die Zeit des ersten Weltkrieges waren die tragenden Pfahlsetzungen weitgehend verrottet. Der damals mit Bedachtsamkeit als Ersatz erstellte *oktogonale Granitquaderbau* steckt jetzt unversehrt in dem vergrößerten Molenkopf, der von einer parallel zu den Achteckseiten gesetzten *Stahlspundwand* ummantelt ist.

Kurz vor dem Molenkopf wurde 1899/1900 in einem kleinen weißen eisernem Turm auf einem Ziegelunterbau ein *selbstregistrierender Pegel* angelegt, „der die Schwankungen des Wasserstandes automatisch verzeichnet. Seine Zeichnung ist so genau, daß selbst die Kurven der von den großen Dampfern erregten Wellen erkennbar sind (Detlefsen 1906)." Der Pegelturm auf der Südermole ist wie der Leuchtturm auf der Nordermole eins der unverzichtbaren Wahrzeichen ihrer Heimatstadt, die den Glückstädtern ans Herz gewachsen sind.

Große Mühe machte es, die Pfahl-Doppelreihe der *Nordermole* nach 225 Jahren wieder zu beseitigen, bevor 1846 der hölzerne Molenkopf als mächtiger Pfahlbau mit begehbarer Plattform errichtet werden konnte. Gegen den Andrang von Treibeis schützten ihn zwei gegen den Flutstrom gestellte *Eisabweiser.* Dies Bauwerk wurde für die Glückstädter die *Mole schlechthin.* Die gleiche Wertschätzung zollen sie dem *stählernen Molenkopf,* der die im Herbst 1936 durch Sturmflut *zerstörte Holzmole* ersetzt. „Ein Spaziergang zur Mole ist für manchen guten Glückstädter ein unabweisliches tägliches Bedürfnis. ... Sie (die Mole) gehört ohne Zweifel zu den reizvollsten Aussichtspunkten der Unterelbe (Detlefsen 1906)." Eine besondere Gilde dieser guten Glückstädter, meist Rentner und Pensionäre, sind *„de Molenkiekers".* Für die wirklich künftigen unter ihnen gibt es gar nichts, weder Wind noch Wetter, was sie von ihrem täglichen Gang zur Mole abhalten könnte. Sie stellen ein so *bedeutsames Charakteristikum Glückstadts* dar, daß ihnen ein *Straßenname* gewidmet worden ist, der *Molenkiekergang*. Aber auch für die übrigen Glückstädter ist das beliebteste Ziel ihrer Spaziergänge die Mole. Zu ihr hat man in dieser Stadt ein besonderen Verhältnis, das man wohl gemütsbetont nennen darf.

Ihr Rang als einer der reizvollsten Aussichtspunkte der Unterelbe — sie ist hier 4 km breit — wird leider mehr und mehr beeinträchtigt durch die immer höher wachsenden Gehölze auf der *Rhinplate*. Das Entstehen dieser Sandbank erklärt eine *hiesige Legende* so: Die Hamburger wollten die Glückstädter von der Teilnahme an Seefahrt und Welthandel aussperren und schaufelten ihnen deshalb immer ihren Ballastsand vor die Hafeneinfahrt. Diese Legende könnten die Glückstädter fortspinnen, indem sie behaupteten, die Hamburger wollten ihnen nun auch noch die Aussicht versperren.

Den Gefühlen der Glückstädter hat der *Plattdeutsche Dichter Fritz Lau* mit seinem Gedicht „An'e Mole" feinsinnigen Ausdruck gegeben. *Heinrich Paulsen* hat es kongenial vertont, so daß es zu einer Art Glückstädter Hymne werden konnte.

Etwa 1 km weit reicht der Hafen von der Einfahrt zwischen den beiden Molen bis an den *einstigen Schleusenberg* im Bereich der jetzigen Verbindung der Straße Am Fleth mit der Stadtstraße zwischen Feuerwache, Schiffswerft und Getränkemarkt. Hier mußten der Rhin überdeicht und zwei Durchlässe geschaffen werden, nämlich die große königliche und die kleine gräfliche Rhinschleuse. Die Bewältigung dieser Aufgabe ist sicherlich für die Deich- und Sielbautechnik des frühen 17. Jahrhunderts ein gewaltiges Problem gewesen. Der Schleusenberg muß ein mächtiges Bauwerk gewesen sein. Er hatte ein etwa 220 m breites und bis zu 27,5 m tiefes Flußbett abzudämmen und stand auf trügerischem Untergrund. Zwei Schleusen waren erforderlich, weil einerseits die Wassermengen der Rhine von nur einer Schleuse mit den damals möglichen Abmessungen wahrscheinlich nicht zu bewältigen gewesen wären und andererseits der Kremper Rhin königliches, der Herzhorner Rhin hingegen gräfliches Territorium entwässerte. Daher hatte jeder Landesherr für Bau und Unterhaltung seiner eigenen Schleuse zu sorgen. Im Hinblick auf die Deichsicherheit blieb der Schleusenberg eine ständige Gefahrenquelle. Er brach bei den Sturmfluten von 1634, 1651,

1717, 1718 und 1756. In den Bruch von 1717/18 füllte man den Bauschutt des abgerissenen Königsschlosses Glücksburg. Auch der *Rethöveldeich* stellte von Anfang an ein besonderes Sicherheitsrisiko dar. Er ist am Rande des Rhinwatts auf *besonders trügerischem Grund* errichtet worden. Noch in unserer Zeit gab es im Bereich der Admiralität ständig Absackungen, die alljährlich fünfstellige Summen an Reparaturkosten verschlangen. Um 1970 wurde der Rethövel aus seiner Funktion als zweite Deichverteidigungslinie entlassen und abgetragen. Wenn auch dadurch ein Geschichtsdenkmal und charakteristisches Element des Stadtbildes verlorengegangen ist, so war es doch nicht vertretbar, weiterhin fortwährend die hohen Instandhaltungskosten aufzuwenden.

Vier Deichbrüche auf dem Rethövel sind in den Chroniken verzeichnet. In der Nacht vom 19. auf den 20. Oktober 1663 ist „ein Stück von den Rehthöfel weggerissen", dann wieder riß im Herbst 1668 ein Hochwasser ein großes Loch in den Deich beim späteren Zuchthaus, und am 21. März 1791 „brach die Fluth durch den Rethügel."

Den *bisher letzten Deichbruch* erlitt Glückstadt 1825. Die „Glückstädtische Fortuna" berichtete damals am 9. Februar: „Durch eine Sturmflut, *die alle bisherigen an Höhe weit übertraf,* hat auch leider unsere Stadt und Gegend eine Überschwemmung erlitten. Um Mitternacht vom 3ten zum 4ten dieses (Monats) stieg das Wasser mit einer wohl beispiellosen Schnelle so hoch, daß es bey halber Fluthzeit schon die hohen Eindämmungen des hiesigen Hafens allenthalben zu überströmen anfing. Bald darauf erfolgte auf dem Rethhügel nahe beym Zuchthause ein förmlicher Deichbruch, wodurch die dahinter stehenden *Häuser spurlos vertilgt* wurden und wobey *24 Menschen ihren Tod in den Wellen fanden.* Ein ähnliches unglückliches Schicksal traf ein nahe vor der Stadt stehendes Haus, worin 5 Menschen umkamen. Die Strömung durch die Öffnung war so furchtbar, daß das unmittelbar vor derselben liegende grönländische Schiff „Frau Anna" *von seinen Tauen losgerissen und durch dieselbe hinweggeschleudert* wurde; drey andere Fahrzeuge nahmen denselben Weg. Die niedrigen Theyle der Stadt und die beiden Wildnisse wurden nun gänzlich überschwemmt." Zur Ergänzung werden noch einige Fakten anderen Quellen entnommen: Diese Sturmflut überstieg den mittleren Hochwasserstand um 4,11 m, erreichte also 6,98 m über dem Nullpunkt des Glückstädter Pegels = 5,46 über NN. Die ursprünglich am abgerissenen Haus Am Fleth 1 angebracht gewesene, jetzt zur Hausecke

Am Hafen 1 *übertragene Sturmflutmarke* gibt 16 Fuß 3 Zoll als Wasserstand am 3./4. Februar 1825 an. Auf welchen Nullpunkt sich die Höhe bezieht, ist nicht bekannt. Bevor der als Grundbruch bezeichnete Deichbruch geschah, drohten die Schleusen im Schleusenberg zu brechen. Auf dem Markt konnte man mit Kähnen fahren. Ein großer Teil der Stadt stand mehrere Tage unter Wasser.

Die *erheblichen Sicherheitsrisiken*, die vom Schleusenberg und vom Rethöveldeich ausgingen, mußten beseitigt werden. Das hätte sich im Zusammenhang mit dem letzten Projekt der dänischen Staatsführung zur Förderung der Hauptstadt des Herzogtums Holstein bewerkstelligen lassen. Die Lieblingsstadt Christians IV. durfte sich immer noch des besonderen königlich dänischen Wohlwollens erfreuen. Das führte dazu, daß *Glückstadt neben Altona als Elbhafen und Kiel als Ostseehafen*, alle drei zugleich als die *bedeutendsten holsteinischen Städte* als erste durch die *Eisenbahn* miteinander verbunden wurden. Die *Glückstadt-Elmshorner Eisenbahn* schloß sich 1845 an die ein Jahr vorher in Betrieb genommene Christian VIII. Ostseebahn von Altona nach Kiel an. Die als vierte schleswig-holsteinische Eisenbahnlinie *1847 angelegte Hafenbahn* führte vom Bahnhof (Abb. 13), der damals auf dem Gelände der Reini-

Abb. 13   Der Bahnhof vom Schleusenberg gesehen

gungswerke lag, über eine Rhinbrücke am Kai entlang zur Nordermole, so daß der Güterumschlag vom Schiff direkt auf die Eisenbahn möglich war. Im unmittelbaren Zusammenhang mit der Verkehrsanbindung Glückstadts durch die Eisenbahn ist der *„große Hafenplan"* von 1847 zu verstehen. Eine Kammerschleuse, etwas weiter elbwärts als die heutige

Dockschleuse, sollte den Hafen teilen in einen *tideabhängigen Vorhafen und einen Dockhafen,* in dem ein ständig gleichbleibender Wasserstand gehalten werden konnte. Die Kammerschleuse hätte das Ein- und Auslaufen der Schiffe auch außerhalb der Hochwasserzeit ermöglicht. Der Rhin sollte durch einen neu zu schaffenden „Rhin-Canal zur Entwässerung und Schiffahrt" nördlich um die Stadt herumgeleitet werden und im Bereich der Kammerschleuse durch ein Siel in den Vorhafen geleitet werden. Für eine spätere Zeit sah der Plan vor, einen zweiten Dockhafen hinter der Häuserreihe auf dem Rethövel anzulegen. Der große Hafenplan ist jedoch nicht verwirklicht worden, denn 1848 erhoben sich die Schleswig-Holsteiner und kämpften bis 1851 gegen die Dänen um ihre Unabhängigkeit. Nach deren Sieg ist der „bereits höchsten Orts genehmigte Plan zum weiteren Ausbau des Hafens durch den Krieg vorläufig weiter nicht zur Ausführung gekommen, indeß noch nicht definitiv aufgegeben." Für die Sturmflutsicherheit wäre vor allem die Neuanlage der Schleuse hafenabwärts von großer Bedeutung gewesen, doch das Wohlwollen des Königs von Dänemark war abgekühlt, und Glückstadt mußte warten, bis sich schließlich die Herrschaftsverhältnisse in Holstein geändert hatten.

Nach dem Sieg der Preußen und Österreicher über Dänemark im Jahre 1864 herrschte in Holstein eine *österreichische Militärregierung.* Statthalter war Feldmarschalleutnant Ludwig Freiherr von Gablenz. Auf einer Besichtigungsreise durch Holstein besuchte er Glückstadt im Oktober 1865 für zwei Tage. Er logierte im „Holsteinischen Hof" (Tiessens Hotel). Hier ehrte ihn der *Gesangverein „Concordia",* der 1994 sein 150jähriges Bestehen feierte, mit einem Fackelzug und einem Ständchen. Nach dem Lied „Das treue deutsche Herz" trat Advokat Schröder als Redner vor und brachte ein Hoch auf den Feldmarschalleutnant aus. Der lud ihn und noch zwei Sangesbrüder nach der ihm dargebrachten Huldigung zu sich ins Hotel ein. Dort haben ihn die drei *Concordia-Mitglieder von der Notwendigkeit überzeugt,* im Glückstädter Hafen eine *Dockschleuse mit Sturmfluttoren anzulegen* und damit sowohl die Lösch- und Lademöglichkeiten zu verbessern, als auch die Überschwemmungsgefahr bei Sturmfluten wesentlich zu verringern. Auf diese Anregung der Sänger von Concordia hin stellte der österreichische Statthalter die erforderlichen Mittel in Höhe von 500 000 M aus den Überschüssen der Verwaltung des Herzogtums Holstein bereit. Die Ausführung des 20 Jahre alten, abgewandelten „großen Hafenplanes" blieb allerdings den Preußen vorbehalten, denn nach deren Sieg über die Österreicher 1866 wurde Schleswig-Holstein preußische Provinz. Zunächst mußte 1867/69 der *Rhin umgeleitet* werden. Dazu grub man den *Rhinkanal,* der den Fluß mit dem *ehemaligen südlichen Hauptfestungsgraben* im Bereich der Firma Temming verbindet und der ihn durch die Rhinschleuse (seit 1950 durch das Schöpfwerk) in den Außenhafen leitet. Der alte Schleusenberg verlor seine Funktion, und vom ursprünglichen Flußlauf blieb nur der „Tote Rhin" soweit offen, wie er noch als Verbindung zum Marktfleth erforderlich war. Er ist um 1970 verfüllt worden. Teilweise verläuft die Trasse der Christian-IV.-Straße von der Rhinstraße bis an die Stadtstraße auf dem zugeschütteten Altarm. Im Anschluß an die Rhinumleitung baute man die große, massive *Dockschleuse* und übergab sie 1874 dem Verkehr. In der Zeit des „Milliardensegens der Gründerjahre" schmiedete man wieder *Pläne zur gewaltigen Erweiterung der Glückstädter Hafenanlagen.* Dock- und Stapelanlagen nach englischem Muster sollten geschaffen werden. Daher wurden zunächst, als die Arbeiten bereits begonnen hatten, die Baupläne der Schleuse geändert. Man legte sie so an, daß die *größten damals existierenden Schiffe* sie passieren konnten, nämlich auf eine Breite von 13,76 m und eine Sohlentiefe von 5,73 m. Die Mehrkosten in Höhe von 48 000 M brachten je zur Hälfte Private und die Stadt Glückstadt auf. Wenn sich die ganz hohen gründerzeitlichen Erwartungen auch nicht erfüllt haben, so ist doch der Glückstädter Hafen — geteilt in den Binnenhafen als Dockhafen und den Außenhafen als Tidehafen — über die Zeiten lebendig geblieben. Die Umschlagzahlen sind von 150 000 t im Jahre 1991 auf 180 000 t im Jahre 1992 gestiegen. Rund 18 000 Passagiere kommen jährlich auf dem Wasserwege nach Glückstadt oder gehen von hier ab. 1993 ist eine für 17,5 Millionen Mark neugeschaffene 208 Meter lange *Kaianlage auf dem Südufer* des Außenhafens mit einem 4,4 Millionen Mark teuren Kran in Betrieb genommen worden. Er kann 45 t heben. Ihn lieferte die Firma Kranbau Eberswalde. An dem neuen Kai können jetzt auch *Seeschiffe mit bis sechs Meter* Tiefgang festmachen. Damit sind die Voraussetzungen für den Güterumschlag wieder einmal ganz entscheidend verbessert worden.

Im Schutze der großen *Sturmfluttore* konnten sich die Bewohner Glückstadts und der Wildnisse seit 1874 wesentlich sicherer fühlen als die 257 Jahre vorher. Die neuen *zusätzlichen Sturmfluttore und die Er-*

höhung und Verstärkung der Gesamtanlage von 1970 haben die Schutz-wirkung wiederum verstärkt und den gestiegenen Anforderungen ange-paßt.

Am Hafen. „... städtebaulich eigenartigste und bedeutendste Lösung (Stadtkernatlas)."

An der Steigung der zum Hafen führenden Straßen bemerkt man noch heute, daß die Häuser Am Hafen „Up dem Dieke" stehen. J. Habich, G. Kaster und K. Wächter bezeichnen die Hafenzeile 1976 im Stadt-kernatlas als die „unter den zahlreichen Uferstraßen Schleswig-Hol-steins *städtebaulich eigenartigste und bedeutendste* Lösung."

Bei der Anlage der Hafenzeile ist nicht, wie bei der Radialstadt und der Flethanlage, menschlicher Gestaltungswille formgebendes Prinzip, sondern der *naturgegebene Schwung der Flußuferlinie* des Rhins, dessen Mündungsbereich ja zum Hafen ausgebaut wurde. „Die geschwungene Uferstraße bildet, zusammen mit den Türmen der Kirche und des soge-nannten Turmhauses, die Hauptansicht der Stadt. Kleintaktige Folgen von Giebelhäusern wechseln mit breitgelagerten Traufenhäusern von zwei bis drei Geschossen. Es handelt sich fast durchweg um Wohn-häuser des 17. und 18. Jahrhunderts, teils gediegen schlichter, teils statt-licher Gestalt. Die Schwingung der Bauflucht gliedert den Uferraum in Verbindung mit den Einmündungen von Großer Deichstraße, Rei-chenstraße und Jungfernstieg in drei Abschnitte, die durch die vorge-setzten Hafenbauten, vor allem durch das Brückenhaus mit seinem Baumbestand und einen Barockspeicher akzentuiert werden. Die Nut-zung der Schiffsanlege gleichzeitig als Wohnstraße, die auch hohen Ansprüchen genügte, wurde möglich durch die Trennung der unter-schiedlichen Nutzungsbereiche mit Hilfe eines Deiches" (Stadtkern-atlas).

In der schlimmen *Sturmflut von 1634* erwies sich der Deich als zu niedrig. Der König ließ ihn erhöhen, indem er die bis zu 4,20 m hohe „*Hafenmauer*" gut 3 m vor den Häusern errichten ließ. Den Anliegern war bereits 1625 befohlen worden, zur Deichverstärkung ihre Keller nach der Hafenseite hin mit Erde zu verfüllen. Bei der Sturmflut von 1643 hatte sich die Mauer als nicht sicher genug erwiesen. Daher wurde sie nicht nur „überall verbessert und einen Fuß höher gemacht", „sondern auch zue deren mehrer Verstärck- und Versicherung hinten nach dem Haven zue mit Erde derogestalt abdächig gelegt und Beschüttet", daß „es gleichsamb die Gestalt eines Teiches (=Deiches) gewinnen und also dadurch die Gewalt des Wassers gehemmet und von der Mauer abgehalten werden möge." Jedoch „1717 am Christabend war eine so starke Flut, daß das Wasser 4 bis 5 Ellen über die Mauer ging." Durch den 1874 vollendeten Bau der großen Hafenschleuse wurde der *Sturmflutschutz der Stadt endlich erheblich verbessert.* In der Bürgerschaft erhoben sich nun gewichtige Stimmen für die *gänzliche Beseitigung der Hafenmauer.* Das ließen die Aufsichtsbehörden jedoch nicht zu. Die Mauer mit ihrer Deichböschung mußte als *Schlafdeich abwehrbereit* erhalten bleiben. Um den schmalen Fahrdamm für den Fuhrwerkverkehr zu verbreitern und den Kellerwohnungen in den Häusern der Straße Am Hafen mehr Licht zukommen zu lassen, durfte die Mauer zwar abgetragen, mußte aber weiter zurück und nicht mehr so hoch wie vordem wieder aufgebaut werden.

Die *jetzige Gestaltung* der Hafenmauer geht auf Pläne und Absichten der *Bundesstraßenbauverwaltung* Anfang der 1970er Jahre zurück. Die Hafenstraße war Zubringer zur Elbfähre und sollte als *zweispurige Bundesstraße* ausgebaut werden. Dazu hätte die Mauer mitsamt ihrer Deichböschung beseitigt werden müssen. Im Hinblick auf den Sturmflutschutz gab es dagegen keine Bedenken mehr. Aufgrund der Erfahrungen mit der Sturmflut von 1962 waren die Deiche im Zuge der Durchführung des „Generalplanes für die Deichverstärkung, Deichverkürzung und des Küstenschutzes" von 1963 verstärkt und erhöht sowie insbesondere das Bauwerk der großen Hafenschleuse modernisiert und durch Einbau von zwei zusätzlichen Sturmfluttoren in seiner Schutzwirkung erheblich verbessert worden. Infolge dieser Maßnahmen konnte die *Hafenmauer als zweite Deichverteidigungslinie aufgegeben* werden. Als wichtiges *städtebauliches Charakteristikum und Geschichtsdenkmal* mußte sie jedoch erhalten bleiben. Ein Kompromiß zwischen verschieden gerichteten unabwendbaren Ansprüchen mußte erreicht werden. Einerseits mußte die Straße entsprechend den für Bundesstraßen geltenden Normen ausgebaut werden, allerdings nur noch als einspurige von der Elbfähre wegführende Richtungsfahrbahn. Für den Verkehr zur Fähre hin wurde die Königstraße ausgebaut. Weiterhin mußte die *Gefährdung der anliegenden Wohnhäuser* durch den Lastverkehr beseitigt werden und als *Schutzzone vor den Häusern* ein angemessener Bürgersteig neu geschaffen werden. Andererseits mußte dem *stadtbildpflegeri-schen Anspruch* genügt werden. Die Gesamtproblematik wurde gelöst, indem man die in den 1870er Jahren errichtete Mauer nach rund 100 Jahren wieder abriß und durch ein etwa einen Meter *zurückverlegtes*, wiederum *niedrigeres Betonbauwerk* ersetzte. Eine Ziegelmauer wäre nicht finanzierbar gewesen. Die *funktionslos gewordene Deichlinie* der Hafenmauer ist auf diese Weise als *wichtiges städtebauliches Stilelement* erhalten geblieben. Diese Lösung muß als erträglicher Ausgleich widersprüchlicher Erfordernisse anerkannt werden.

Die Hafenzeile beginnt mit dem *stattlichen Speichergebäude*, jetzt Kuhlmanns Heimwerkermarkt und Sägekeller, Am Hafen 1. An der Hausecke findet man die vom abgerissenen Haus Am Fleth 1 dorthin übertragene Sturmflutmarke von 1825. Dr. G. Köhn hat 1974 *Christians IV. erste Wohnung* in Glückstadt identifiziert: Der Steinburger Amtmann Detlef Rantzau ließ auf dem Eckgrundstück Am Hafen und Fleth auf Befehl des Königs 1620 ein Haus mit drei Wohnungen errichten. Das Sparrenwerk sollte er aus den Einnahmen des Amtes Steinburg bezahlen. Der Glaser Harm Möller erhielt 120 Fenster bezahlt. 1623 kaufte Wichbold von Ancken, der erste Bürgermeister Glückstadts, dem König das Haus für den ungewöhnlich hohen Preis von 5500 Mark ab. Das läßt auf ein Bauwerk von ursprünglich ganz erheblichen Ausmaßen schließen. Wieviel von dessen Bausubstanz erhalten geblieben ist, weiß man nicht.

Das zweigeschossige, siebenachsige, geputzte Traufenhaus Nr. 10 aus der ersten Hälfte des 19. Jahrhunderts mit geschoßteilendem Band aus Rauten und Kreisen hat eine quadratisch gefelderte Tür unter vorstehendem Gesims und zwei geschwungene Dachgauben. Es war das Wohnhaus des *Obergerichtsdirektors Wilhelm Benedict von Schirach* (1779– 1866). Seit 1803 war er tätig bei der Holsteinischen Landesregierung, ab 1806 Holsteinisches Obergericht, in Glückstadt, von 1841 bis 1865 dessen Direktor. Er war Dannebrogsmann, Kommandeur vom Dannebrog und Inhaber des Großkreuzes vom Dannebrog-Orden. Auch hatte der König von Dänemark ihn mit dem Titel Geheimer Konferenzrat geehrt. Anläßlich seines 50jährigen Dienstjubiläums verlieh ihm 1857 die juristische Fakultät der Universität Kiel die Doktorwürde honoris causa. Die Stadt Glückstadt *erteilte ihm das Ehrenbürgerrecht.* Er starb in

Glückstadt in seinem 87. Lebensjahr und wurde auf dem ehemals reformierten Friedhof begraben.

Das ebenfalls zweigeschossige, siebenachsige, geputzte Traufenhaus Nr. 11 aus der ersten Hälfte des 19. Jahrhunderts hat rustizierte Kanten, ein Flachrisalit aus drei Mittelachsen und zwei geschwungene Dachgauben. Die Tür mit Quadrat- und Rautenmuster hat, wie auch das mittlere Fenster im Oberstock, ein Oberlicht mit fächerförmiger Sprossenteilung. Die Oberlichter der übrigen Fenster sind durch sich schneidende Kreisbögen geteilt. Das Haus gehörte dem *Justitiar Buchardi* der Güter Seestermühe, Neuendorf, Groß- und Klein Kollmar und Engelbrechtsche Wildnis. Mit der Einführung der preußischen Justizverwaltung wurde er 1867 *Amtsrichter.* Während er das Obergeschoß seines Hauses bewohnte, waren im Untergeschoß die *Diensträume des Justitiariats,* danach bis 1891 des *Amtsgerichts* eingerichtet. Im Keller gibt es noch die vergitterten Fenster der *Zellen für die Untersuchungshäftlinge.*

Der Gebäudekomplex Am Hafen 11a/Große Deichstraße 18, jetzt *Gaststätte „Zur alten Oper"* mit Bowlingbahnen, wurde vom 17. Jahrhundert an beschrieben als „Eck- und Wohnhaus nebst Wohnkeller, Wohnbude und Einfahrt." Das *Eckhaus aus dem 17. Jahrhundert ist noch etwa zur Hälfte erhalten.* Bude und Einfahrt hingegen sind nicht mehr vorhanden. Von außen zu sehen ist an der Gr. Deichstraße nur noch ein *Teil des weitgehend durch Bewuchs verdeckten ursprünglichen Mauerwerks mit den Stilmerkmalen der ersten Hälfte des 17. Jahrhunderts:* Rundbögen über den Fenstern des Untergeschosses und ein Gesims, das die Teilung zwischen höherem unteren und niedrigerem oberen Stockwerk markiert. Die übrigen Außenmauern und Fenster hat man in den 1930er Jahren entstellend erneuert. Innen ist das Haus *sorgfältig restauriert.* Eine dabei gefundene *wertvolle barocke Kassettendecke mit allegorischen Darstellungen* der vier Jahreszeiten und der vier Elemente Feuer, Wasser, Luft und Erde in Stuckreliefs kann man bei einem Besuch der Gaststätte in der Weinstube betrachten. Auch eine im 18. Jahrhundert eingefügte *Treppe mit barocken Balustern* ist erhalten. An einer Stelle kann man die *originale Lehmstaken-Scherwand* anschauen. Beim Fachwerkanbau, in dem jetzt die Bowlingbahnen installiert sind, hat die Bauuntersuchung ergeben, daß er ebenfalls *aus dem 17. Jahrhundert* stammt. Man hat ihn jedoch gegen 1840 *von einem anderen Standort hierher umgesetzt.* Der

Gebäudetyp läßt auf ein ursprünglich militär-logistisches Bauwerk ohne repräsentativen Anspruch schließen, etwa den Festungsschafstall oder ein Futtermittel- oder Brennstofflager. Um den Fachwerkbau einfügen zu können, mußte man das Hauptgebäude etwa zur Hälfte der Hafenfront und die Bude ganz abreißen sowie die Einfahrt überbauen. Bereits 1657, dann wieder 1673 ist die Wohnung des 1691 gestorbenen Ratsherrn, Kirchenältesten und Seidenhändlers *Hinrich Meyer* hier am Hafen und in der Deichstraße angegeben. Sein *Epitaph* hängt im *Hauptschiff der Stadtkirche* an der Südwand vor der Orgel. Nach ihm folgten bis etwa 1740 noch mehrere Generationen Meyer als Besitzer. Alle waren *Seiden- und Lakenhändler* von Beruf und als Ratsherr und Bürgermeister in führenden Ehrenämtern tätig. Danach war die Gebäudegruppe bis 1832 durch mehrere Generationen im Besitz der Seiden- und Tuchhändlerfamilie Meyn. Auch sie waren in führenden Ehrenämtern tätig, als letzter Jürgen Christian Meyn, von 1791 bis 1829 *Ältermann des Amts der Seiden- und Tuchhändler,* dessen „Morgensprachen" (Zunftversammlungen) hier „in seiner Behausung" stattfanden „bei offener Lade (Zunfttruhe) und brennendem Licht." Auch war er Ratsherr und Kapitän der 1. Bürgerkompanie, die vor seiner Haustür zum Dienst antrat. Als Mitreeder von zwei Walfangschiffen war er *an der Grönlandfahrt beteiligt.* Nach seinem Konkurs und Tod ging das Anwesen 1832 an die Ehefrau des Bürgers und *Gastwirts Carl Friedrich von Buchwaldt* über. Dessen Vater war Rittmeister beim Dragoner-Leibregiment in Itzehoe. Er selbst übernahm 1811 nach seinem verstorbenen Schwiegervater den „Wulfschen Freihof" = „Des Amtsschreibers Hof" an der Stadtstraße und verlor 1821 sein Vermögen beim Konkurs der Glückstädter Grönlandreederei des Kaufmanns Leck. Seine Frau und er gaben dem Anwesen seine *heutige Gestalt.* Sie fügten das hierher umgesetzte Fachwerkhaus ein und gestalteten es zum *„Ball- und Komödienhaus",* das auch Clubhaus der vornehmen Bürgergesellschaft „Harmonie" wurde. Nach einigen Besitzerwechseln kam das ehemalige „Wohnhaus nebst Theaterlocal" in den Besitz des *Wagenfabrikanten* vom Kirchplatz und wurde zu *„Wrages Schuppen",* in dem die gefertigten Kutschen bis zu ihrem Verkauf untergestellt wurden. Unter dieser Nutzung und danach verkam das Anwesen nach und nach zusehends. Um so verdienstvoller ist es, daß das jetzige Besitzerehepaar dies Haus mit seiner zweihundertjährigen Geschichte als Sitz führender Bürgerfamilien, seiner merkwürdigen Baugeschichte, seinem Wandel, Abstieg und Verfall gerettet und erhalten hat. Der Name „Alte Oper" ist durch *historisches Versehen* zustandegekommen: In Kopenhagen gefundene Plakate aus dem 18. Jahrhundert kündigten Opernaufführungen in Glückstadt an. Irrtümlicherweise brachte man sie mit dem erst im 19. Jahrhundert eingerichteten Komödienhaus in Verbindung. Ein Fehlschluß entstand: Man glaubte an die „Entdeckung des ältesten Musiktheaters des Nordens." Leider hielt diese Illusion der historischen Überprüfung nicht stand. – Schade! Nun hält der Name „Zur alten Oper" die Erinnerung an einen historischen Traum wach. Das ist liebenswert.

Ein kleiner Abstecher die Große Deichstraße hinab bis zu ihrer *Kreuzung mit der Kapaunen- und Kleinen Deichstraße* führt zur *Stadtapotheke.* Sie wurde 1633 gegründet, ihr Königliches Privileg am 16. Oktober 1636 konfirmiert = bestätigt. Die anfänglich in der Großen Kremper Straße gelegene *königlich privilegierte Stadtapotheke* ist wahrscheinlich *noch im 17. Jahrhundert* an ihren jetzigen Standort verlegt worden. Über die Baugeschichte des Hauses liegen bisher keine gesicherten Erkenntnisse vor. Das Mansarddach und die Barocktreppe im Inneren weisen auf das 18. Jahrhundert hin. Die rückwärtigen Anbauten mit dem noch vorhandenen altertümlichen Laboratorium sind wahrscheinlich älter. Die vordere und seitliche Front sind um 1890 neu aufgeführt, die *Offizin im Erdgeschoß* ist um 1960 modernisiert. Deren *alte Einrichtung steht im Detlefsenmuseum.* Sie wurde bisher irrtümlich 1830 datiert. An einer kürzlich gefundenen Handwerkerverewigung konnte das Baujahr 1853 festgestellt werden.

Jenseits der Einmündung der Großen Deichstraße folgt Am Hafen 12 mit dem *goldenen Kringel im Giebel* ein altes Bäckerhaus. Bis vor kurzem konnte man noch den früheren Laden sehen mit den blauen Niederländischen Wandfliesen. Sie werden häufig fälschlich Delfter Kacheln genannt.

Das Haus Nr. 14 im Empirestil ist die *ehemalige Schloß- und Garnisonsapotheke.* Im Inneren sind die Diele und manche Einzelheiten stilecht erhalten. Das Haus hat einen Vorgänger gehabt, in dem die Apotheke seit 1672 untergebracht gewesen ist. Zuerst befand sie sich im Schloß, dann in dem königlichen Haus auf dem Rethövel, der späteren Admiralität, ehe sie in das Haus Am Hafen 14 umzog. Es hatte *dem spanischen Residenten gehört.* Seine Kinder schenkten es zusammen mit dem benachbarten Haus Reichenstraße 56 den Katholiken. 1871 kaufte der Inhaber der 1633 gegründeten Stadtapotheke Gr. Deichstraße 8 die Schloß- und Garnisonsapotheke und legte sie still.

Noch ein kurzer Abstecher die Reichenstraße hinunter führt bis zu ihrer *Kreuzung mit der Namenlosen Straße.* Hier steht rechts das *Eckhaus Nr. 56.* Die *städtebauliche Situation an der schiefwinkligen Kreuzung* der Schnittlinie, die die Radialstadt vom Neuen Werk trennt, und der parallel zum Hafen angelegten Namenlosen Straße machte einen sehr *spitzwinkligen Hausgrundriß* erforderlich. Die architektonische Aufgabe wurde von dem Baumeister des 17. Jahrhunderts bemerkenswert elegant gelöst, insbesondere durch die Zimmermannskunst des *hohen, verwundenen Dachstuhls.* Das Haus setzt einen städtebaulichen Akzent. Vor der Sanierung befand es sich in einem hoffnungslos verkommen erscheinenden Zustand. Um so dankenswerter ist der Entschluß des Sanierungsträgers, dies im Stadtbild bedeutsame Objekt zu erhalten. Nicht nur im Hinblick auf Architektur- und Stadtbildpflege ist das Haus bedeutsam, es hat auch einen *hohen stadtgeschichtlichen Wert.* Die Kinder des 1646 verstorbenen Bevollmächtigten des spanischen Königs in Glückstadt Gabriel de Roy schenkten es 1647 den katholischen Geistlichen und später noch dazu das Nachbarhaus Am Hafen 14. Dem Diplomaten hatte der König gestattet, in seinem Hause in *Glückstadt katholischen Gottesdienst* halten zu lassen. Ihm ist es zu verdanken, daß in Zeiten der ärgsten Glaubensauseinandersetzungen des 17. Jahrhunderts der König von Dänemark, der oberste Bischof der evangelisch-lutherischen Kirche in seinen Landen, die *Bildung der noch heute bestehenden katholischen Gemeinde* zuließ. Keineswegs waren es Motive der Toleranz, die König Christian IV. dazu bewogen haben, sondern handfeste diplomatische und handelspolitische Beweggründe. Mit der Schenkung durch die de-Roy-Kinder hatte die selbständig gewordene Katholikengemeinde hier ihr erstes Gemeindezentrum. 1686 verkauften die Geistlichen die beiden Häuser Reichenstraße 56 und Am Hafen 14 und zogen um in das Haus Am Hafen 25.

Das Eckhaus Am Hafen 15–16/Reichenstraße ist eine Nachbildung des *von Liliencronschen Hauses.* Die vom Vorbild des ursprünglichen

Gebäudes übernommenen zahlreichen Zieranker, runden Entlastungsbögen und das profilierte Gesimsband zwischen den Geschossen
bezeugen dessen Ursprung in der ersten Hälfte des 17. Jahrhunderts.
Etwa ab 1680 gehörte es dem Reichsfreiherrn Andreas Pauli von Liliencron (1630–1700). Er war *Kanzler der Holsteinischen Regierungskanzlei* in
Glückstadt und gilt als eine der markantesten Persönlichkeiten der
damaligen dänischen Politik. In diplomatischen Missionen wurde er
während seiner Kanzlerschaft nach Regensburg, in die Pfalz und mehrmals nach Wien gesandt. Er war Sohn des reichen Kaufmannes Paul
Martens in Bredstedt und nahm den Namen Liliencron nach seiner
Erhebung in den Adelsstand an. Nach seinem Jurastudium besucht er
am Ende seiner Ausbildungsreise den Reichstag zu Regensburg. Dort
adelte ihn 1654 Kaiser Ferdinand als 24jährigen. 1694 erwarb er das Gut
Wulfshagen bei Gettorf im Dänischen Wohld. Hier errichtete er 1699
das gerade durch seine Schlichtheit eindrucksvolle Herrenhaus. Seine
Nachkommen besaßen das Gut bis 1787 (H. von Rumohr, Schlösser
und Herrenhäuser im Herzogtum Schleswig, Frankfurt a. M. 1968 und
P. Hirschfeld, Herrenhäuser und Schlösser in Schleswig-Holstein,
5. Aufl., München-Berlin 1980). Als das Glückstädter *Schloß Glücksburg*
gegen Ende des 17. Jahrhunderts *wegen Baufälligkeit unbenutzbar* wurde,
nahm von Liliencron die *Regierungskanzlei* in sein Haus. Von hier zog
sie nach seinem Tode um in das Haus der Witwe des Proviantkommissars Jessen Am Hafen 46 „Quasi non possidentes". Alten Glückstädtern
aus der Zeit um 1900 war das Liliencronsche Haus Am Hafen 15 noch
als von Leesensche Seifenfabrik bekannt und Nr. 16 als Tanzlokal „Helgoland".

Das Haus Nr. 20 mit dem *schönen geschweiften Kupfergiebel* und der
barocken Sandsteinportaleinfassung mit Rocaille stammt aus dem
18. Jahrhundert. Zwei *eingemauerte Kanonenkugeln* erinnern an die
Beschießung während der Belagerung 1813/14. Das Backsteinmauer-
werk ist in den 1930er Jahren erneuert worden.
Dr. med. et chir. William Charles Halling (1813–1883) und seine Frau
Sophie Adolphe Johanne Callisen (1815–1894) kamen in den Besitz des
Hauses, als der Vorbesitzer, Frau Hallings Großvater, der Justizrat und
Obergerichtsadvokat Christian Callisen (1742–1836) gestorben war.
Dr. C. W. Halling war Sohn des Kapitäns z. S. William Halling (1774–
1842) und seiner Frau Metta Magdalena Georgine Meyer (1790–1858),

Tochter des Segel- und Kompaßmachers Johann Friedrich Meyer (1756–1830), Am Hafen 29/30. Der Medizinalrat Dr. Adolph Halling (1844–1915), Am Fleth 29, war ein Sohn von Charles William und Metta geb. Meyer. Vom alten Dr. Halling berichtete sein Sohn, er hätte zur Ausübung seiner Landpraxis ein Reitpferd gehalten, die Stute Lola. Die oft unergründlichen Wege in der Marsch waren nur zu Pferde passierbar. Wenn er auf dem Dorfe Patienten besuchte, ließ der Doktor die gute Lola dort auf einer Weide laufen. Dabei geriet sie einmal mit ortsansässigen Pferden in eine Schlägerei, und ihr wurde der Bauch aufgeschlitzt. „De scheet nu man dot, Herr Doktor," meinte der Bauer, doch Halling nähte die Wunde und pflegte seine Lola gesund. Sie hatte ihren Stall im Keller, der an der Rückseite des Hauses ebenerdig liegt, denn es steht ja auf dem Deich. Wenn der Doktor ausreiten wollte, wurde die Hintertreppe mit einer Planke belegt und Lola stieg hinauf, ging durch die Küche auf den Hausflur, wo sie gesattelt wurde, und dann zur Haustür hinaus. Der alte Halling mochte keine Hunde leiden. Seine Tochter hingegen, sie hatte den Rittmeister von Bongé geheiratet, liebte Hunde sehr. Als Hausherrin nach dem Tode ihres Vaters hielt sie immer Hunde. Wenn einer von ihnen gestorben war, beerdigte sie ihn im Garten hinter dem Haus. Jeder bekam eine marmorne Grabplatte mit seinem Namen. Rittmeister a.D. von Bongé war ein stadtbekannter, allerseits beliebter, origineller alter Herr. Wenn seine Frau ihn auf einem seiner allnachmittäglichen Spaziergänge begleitete, ging der Abmarsch auf sein Kommando „Schwadron Marsch!" nach militärischem Reglement vonstatten. Die Glückstädter Jungen wußten, wann im Monat seine Pension einzutreffen pflegte. Sie grüßten ihn um diese Zeit besonders höflich und redeten ihn auch wohl an: „Herr Rittmeister, ob Sie uns wohl mal sagen können, was die Uhr hat?" und wenn er ihnen Auskunft gegeben hatte: „Ob Sie Ihre Uhr wohl mal bimmeln lassen?" Es war eine Repetieruhr. Danach waren dann die Jungen an der Reihe. Sie wurden examiniert über die preußische Kavallerie. Wer gut Bescheid wußte über Husaren, Ulanen, Dragoner und Kürassiere, bekam einen „Nickel", ein Fünfpfennigstück. Nach der Heimkehr von seinem Spaziergang pflegte er in seinem Sessel sitzend einen Krug Bier zu genießen. Den letzten hat er nur noch halb geleert. Man fand ihn tot in seinem Lehnstuhl.

Das Haus Am Hafen 21 mit geschweiftem Giebel, Putzfassade und zehn Zierankern stammt aus dem 18. Jahrhundert. Besitzer war um

1800 der Kanzlist, Peter Detlevs. Er wurde auch als Regierungs- und ab 1806 als Obergerichtskopiist bezeichnet.

Auf dem Platz des traufenständigen Hauses Nr. 22 mit Mansarddach und *übergiebeltem, durch Pilaster gegliedertem Flachrisalit* sind *noch 1786 zwei Häuser* verzeichnet. Erstmals im Jahre 1805 ist von nur einem Wohnhaus die Rede. Das Baujahr ist also zwischen 1786 und 1805 anzunehmen. Während des ganzen 18. Jahrhunderts und noch bis 1810 war die *gesamte Liegenschaft im Besitz von Brauern*. Außer den beiden Wohnhäusern gehörten zum Gesamtkomplex ein dahinter gelegenes Brauhaus und ein jenseits des Dovenfleths auf gleicher Höhe an der Namenlosen Straße gelegener „Stall nebst Wohnsahl". Als Sahl bezeichnete man Wohnräume im Obergeschoß. Ab 1810 sind die „hiesigen commercirenden Bürger" *Gebr. Schröder* und ihre Nachkommen als Eigentümer verzeichnet. Sie hatten 1799 querab vom Provi0anthaus eine Werft angelegt, betrieben außer der Schiffszimmerei eine Reepschlägerei und eine Segelmacherei. Sie bereederten Kauffahtei- und Walfangschiffe und importierten z.B. Zucker. Bei der Belagerung 1813/14 wurde das *Hintergebäude in Brand geschossen* und brannte mit einer Menge Zucker ab. Am Wohnhaus entstand beträchtlicher Schaden, und die Namenlose, Reichen- und Große Deichstraße waren in großer Gefahr, denn es herrschte starker Südwestwind. Ehrenamtlich waren Schröders tätig als „Achtbürger" (Stadtvertreter) und Bürgeroffizier. Sie bemühten sich, allerdings erfolglos, ein *bürgerliches Artilleriekorps* aufzustellen. Johannes Schröder, ab 1859 Besitzer des Hauses, war Kaiserlich Brasilianischer Vizekonsul.

An der Stelle des traufenständigen Wohnhauses Nr. 23 mit durch rustizierte Lisenen gegliederter Fassade, bei der die mittleren drei Achsen übergiebelt und im Erdgeschoß zu einer *Loggia mit vier Säulen* eingerückt sind, wird noch 1810 ein Packraum angegeben. In seiner jetzigen Gestalt ist das Haus erst danach entstanden. Nach seiner Pensionierung im Jahre 1904 lebte in der linken Haushälfte Professor Dr. S. D. Detlefsen.

Beim Haus Nr. 25 ist der Giebel der gegen Ende des 19. Jahrhunderts errichteten *Neo-Renaissance-Fassade* bereits vereinfacht worden. Die durchbrochene Bekrönung mit dem Obelisken auf dem Scheitelpunkt ist fort, ebenso sind die Obelisken zu beiden Seiten der Basis und die Voluten an den Schenkeln des Giebeldreiecks verschwunden. Diese Front ist dem im Kern erhaltenen, wahrscheinlich 1622 errichteten Gebäude vorgesetzt worden. Es war das Haus des *Oberstleutnants Johann Otto Bremer*. Er war Kommandeur der königlichen Leibgarde, 1658 sowie von 1660 bis zu seinem Tode 1684 *Kommandant der Festung Glückstadt* und ab 1675 Obrist eines eigenen Regiments zu Fuß, das 1679 wieder aufgelöst wurde, als das Königin-Leib-Regiment Glückstadt als Garnison bezog und die Mannschaften des Bremerschen Regiments aufnahm. Wegen seiner Verdienste schenkte ihm König Friedrich III. 1652 den vormaligen königlichen Garten, etwa das jetzige Betriebsgelände der Glückstädter Reinigungswerke, und den Teil der vormaligen Rethövelinsel zwischen Gänsedeich und Stadtstraße von den Festungswerken der Südfront bis an den „Herzhörner Alten Schleusenfluß", die Splethe, die damals bei der Brake in die Elbe mündete, etwa das ganze Areal der Firma Temming. Die Schenkung erhielt Bremer „Erb- und Eigentümlich ohne einige Abgaeb", also steuerfrei. Sie wurde der *„Bremersche Freihof"* genannt.

1686 verkauften die Kinder des verstorbenen Obristen sein Haus am Hafen an die *katholischen Patres,* die ihrerseits die Häuser Reichenstraße 56 und Am Hafen 14 veräußerten. Den *Kronleuchter aus ihrem Elternhaus mit der auf dem Hirsch reitenden Diana* hatten die Bremerkinder schon 1685 der Stadtkirche geschenkt. Dort hängt er im Seitenschiff. Zum Bremerschen Haus gehörte eine Scheuer in der Namenlosen Straße und das dazwischenliegende, vom später zugeschütteten Dovenfleth durchschnittene Grundstück. Der Plan, auf dem geräumigen Grundstück ein *größeres gottesdienstliches Gebäude* − „eine ganze funkelneue Kirche" − zu errichten, durfte nicht ausgeführt werden. Der *Anbau einer Kapelle* an der Rückseite des Hauses wurde jedoch genehmigt. Sie wurde dem Heiligen Vicelin geweiht, und am 14. August 1687 wurde darin die erste Messe gefeiert. Glückstadt war Stützpunkt der *katholischen Mission des Nordens,* die zwei Jesuitenpatres von hier aus betrieben. Die Glückstädter erzählen sich, als einer der beiden Geistlichen gestorben war, hätten die lutherischen und die reformierten evangelischen Christen seine Beerdigung auf einem ihrer Friedhöfe nicht zugelassen. Der Leichnam habe jahrelang unbeerdigt im Hauskeller gelegen, bis ihm schließlich ein königliches Machtwort zu seiner Ruhestätte verholfen hätte. Üblicherweise beerdigten die Katholiken ihre Toten jedoch auf dem Friedhof der Lutherischen, wenn ihnen hierbei auch gelegentlich „einige difficultät (= Schwierigkeit) begegnete", oder auf dem Friedhof der Reformierten, die ihnen allerdings eine höhere Gebühr von zwei Reichstalern abverlangten. 1702 kaufte die katholischen Gemeinde dann durch eine Mittelsperson von einem Juden einen Gartenplatz in dem ursprünglich der „Niederländischen Nation" zugewiesenen Gelände vor dem Kremper Tor, nämlich das Eckgrundstück am Holländergang und am Steindamm, der heutigen Itzehoer Straße, und legte hier ihren Friehof an.

1782 wurde auf dem Grundstücksteil, der an die Namenlose Straße (Nr. 13 + 14) stößt, die katholische Kirche errichtet, ein schlichter traufenständiger Putzbau mit Mansarddach. Die Vicelin-Kapelle an der Rückseite des Pfarrhauses wurde abgerissen. Einen Kirchturm und Glocken durften die Katholiken nicht haben. Das war allen nicht lutherischen Glaubensbekenntnissen im alten Glückstadt verboten. Erst die 1964 geweihte neue St.-Marien-Kirche Königsberger Straße 1 hat nun auch einen Turm und Glockengeläut. Die alte katholische Kirche an der Namenlosen Straße wurde verkauft und zu einem Wohnhaus umgebaut. Im 19. Jahrhundert ging die katholische Gemeinde sehr zurück und verarmte. Nachdem die Pfarrstelle anfangs noch zeitweilig vorübergehend besetzt gewesen war, blieb sie dann das 19. Jahrhundert hindurch vakant. 1834 verkauften die Vorsteher der Gemeinde Baptist Johann Kreindl, Hutfabrikant in Glückstadt, und Joseph Kinast, Kaufmann in Itzehoe, das Pastorat an Mendel Philipp. Um 1900 war der frühere Gefängnisgeistliche Pastor em. Kipp Besitzer. Daher kennen alte Glückstädter Am Hafen 25 noch als das „Kippsche Haus".

Das zweigeschossige Traufenhaus Nr. 28 von *vier Achsen mit Frontispiz und Zierankern* stammt aus dem 18. Jahrhundert. Als Besitzer ab 1758 sind verzeichnet Etatsrat J. P. Michelsen, 1778 Madame Ludewig, 1797 Regierungsadvokat Hager, 1799 Kanzleisekretär Koch, 1821 Justizrat und Etatsrat Koch (wohl Sohn des vorhergenannten), 1839 Kommandiersergeant (= Feldwebel) Brockenwagen.

Die beiden Häuser Nr. 29 und 30 sind *ursprünglich eine Einheit* von „4 Buden" gewesen. (Bude = Maßeinheit zur Festsetzung der Einquartierungslasten). 1711 wurde eine Aufteilung in 2 ½ + 1 ½ Buden vorgenommen. 1757/58 wird Ingenieur-Kapitän Rosbach als Besitzer beider Häuser von 2 ½ und 1 ½ Buden genannt, die erläuternd als „1 Haus unter ein Dach gebaut" bezeichnet sind. 1787 kaufte „Seine Excellence der Herr *General-Lieutnant und Commandant der hiesigen Vestung* Herr von Sames 2 hirselbst aufm Deich belegene Wohnhäuser", die er vorher als Mieter bewohnt hatte. Wie in der Festung Glückstadt üblich, nutzte auch Generalleutnant Sames seine Wohnung dienstlich als *Kommandantur.* So kam es, daß die Mitarbeiter der heutigen Besitzerin Frau Edith Poitiers bei der Restaurierung *Wachrapporte aus dem Jahre 1788* finden konnten, mit denen Balkenritzen verstopft worden waren. Diese dienstlichen Papiere sind im Steinburger Jahrbuch 1990 veröffentlicht und vermitteln einen Einblick in die Lebensverhältnisse in der Festung Glückstadt gegen Ende des 18. Jahrhunderts. 1789 kaufte „Se. Hoch- und Wohlgebohren, der Herr Cammerherr von Lejonstierne" die „zwei auf dem Deich belegenen Wohnhäuser" vom nach Rendsburg kommandierten Generalleutnant. Von dem Kammerherrn erhandelte der hiesige Bürger und *Segelmacher Johann Friedrich Meyer* 1796 zunächst Nr. 30 und ein Jahr später auch noch Nr. 29, das er jedoch 1799 an Rektor Boden von der Stadtschule veräußerte. Dem kaufte er es 1801 wieder ab und behielt es bis 1806 in seinem Besitz. Dann erwarb es der Marquis d'Argencé von ihm. Von dessen Erben kaufte J. F. Meyer es 1821 abermals zurück. Nach seinem Tode verkauften es seine Erben 1831 dem Segelmacher Martin Hermann Steinbock. Das Haus Nr. 30 erwarb *Kapitän z. S. William Halling* 1839 aus dem Nachlaß seiner Schwiegermutter, der verstorbenen Witwe des Segelmachers Meyer. Die Erben Hallings und seiner Frau veräußerten das Haus 1864. Im Jahre 1885 kam es in den Besitz des *Reeders, Schiffsmaklers und Lloyd's-Agenten Emil Falck.* Seine Erben besaßen es bis 1980. Das Haus Nr. 29 erwarb 1886 der *Fischer Carl Ehlert Dietrich Pehrs.* Er war unter den Elbfischern ein hervorragender Mann und hatte gemeinsam mit seinem „Macker" Christian Kahl vom Kirchplatz *große Erfolge beim Störfang.* Seine Nachkommen lebten bis 1984 in dem Haus. An Merkmalen der ursprünglichen Einheit der beiden Häuser sind festzustellen: Balkenkonstruktion und Dachstuhl sind ein einheitliches Gefüge, und in jedem Stockwerk gibt es eine vermauerte Tür zwischen den beiden Gebäudeteilen. Bei der Restaurierung von Nr. 29 sind die *runden Entlastungsbögen* der Zeit der Erbauung im 17. Jahrhundert wieder sichtbar gemacht worden, indem man den Verputz entfernt hat. Die beschnitzte

Oberlichttür stammt aus dem Anfang des 19. Jahrhunderts. Eine in den 1930er Jahren geplante Modernisierung der Fassade ist erfreulicherweise durch die Bauaufsichtsbehörde verhindert worden. Bei Nr. 30 ist die Vorderfront wahrscheinlich um 1800 neu aufgemauert und rustiziert geputzt worden. Die originale, um 1800 zu datierende *gefelderte Oberlichttür* hat Horst Pieper 1982 in der Tischlerei Poitiers, Rellingen, als sein *wohlgelungenes Gesellenstück* nachgebildet.

Hervorragende Persönlichkeiten aus der Besitzerreihe des Hauses Am Hafen 30:
Karl Wilhelm von Sames war vom 27. August 1772 bis zum 22. August 1788 *Kommandant der Festung Glückstadt* und hier 1772 bis 1774 gleichzeitig *Kommandeur des Königin Leib Regiments.* Als Oberst und Kommandant von Kopenhagen war er Mitverschwörer der Palastrevolution von 1772 gewesen. In der Hofballnacht vom 16. zum 17. Januar bemächtigten sich Oberst von Sames und andere der Person Struensees, des königlichen Leibarztes, reformerischen Staatsministers und Liebhabers der Königin Karoline Mathilde. Struensee wurde hingerichtet, die Königin verbannt. Die Verschwörer wurden befördert, Oberst von Sames zum Generalleutnant, Regimentskommandeur und Festungskommandanten in Glückstadt. Der Sturz Struensees führte viele Veränderungen in dänisch-nationaler Richtung herbei. So wurde auch durch Befehl vom 18. Februar 1772 die deutsche Kommandosprache in der Armee abgeschafft. Sames hat also auch daran maßgeblichen Anteil, daß fortan nur noch dänische Kommandos über Glückstadts Markt und Straßen hallten.

Über seine Urgroßeltern *Johann Friedrich Michel Meyer* (1756–1830), *Segel- und Kompaßmacher* in Glückstadt, lt. Bürgerrolle in Altona geboren, verheiratet mit Margarethe Lisbeth, geb. Köster (1754–1839), berichtet Adolph Halling in seinem zweibändigen Werk „Meine Vorfahren". Der Segelmacher muß nach seiner Lehrzeit einige Jahre zur See gefahren sein. Wohl 1785 ist er nach Glückstadt gekommen. Er war damals bereits verheiratet, jedoch ist seine erste Frau schon früh kinderlos gestorben. Im Sommer 1787 verheiratete er sich zum zweiten Male mit der Tochter Margarethe Lisbeth des Sechstelhufners und Schusteramtsmeisters Köster aus Bramstedt. Es heißt, sie sei Kammerjungfer einer vornehmen Dame in Glückstadt gewesen. 1788 erwarb er das Bürgerrecht und kaufte 1796 sein Haus am Hafen, heute Nr. 30. Mit seiner zweiten Frau hatte er zwei Töchter, Catharina Dorothea Sophie, geb. 1788 und Metta Magdalena Georgina, geb. 1790.

Glückstadt hatte in den Jahrzehnten um 1780 eine *ansehnliche Schiff-fahrt*. Eine Isländische und eine allgemeine Handelsgesellschaft waren hier tätig. Neben 10 Walfangschiffen verfügte die Glückstädter Handelsflotte im Jahre 1801 über 11 Kauffahrteischiffe, 6 Fährschiffe, 13 Prahmen und 16 Ewer. Diese und 57 Ewer von den beiden Rhinen besorgten den Nahverkehr auf der Unterelbe und die Verbindung mit Hamburg. In den Jahren von 1785 bis 1818 wuchs die Grönlandflotte von 7 auf ihren je erreichten Höchststand von 17 Schiffen an. 1801 wurde auch die 1749 aufgehobene Glückstädter Flottenstation wieder errichtet und blieb bestehen bis zur Schleifung der Festung 1815. Ihre Stärke wechselte. Meistens gehörten eine oder zwei Kriegsbriggs und um zehn Ruderkanonenboote zum hiesigen See-Etat.

Es gab also Arbeit genug für den Segel- und Kompaßmacher Johann Friedrich Meyer. Es heißt, daß Meyer es verstand, besonders gut stehende Marssegel zu schneiden. Von seinen Kompassen waren die meisten einfache Segelkompasse in glatt abgedrehten Holzbüchsen, welche rot oder blau bemalt waren, oder in Messingbüchsen. Außer Schiffs-kompassen hat er eine große Zahl von Bootskompassen angefertigt, die bei der Grönlandfahrt für die Bemannungen der Schaluppen besonders wichtig waren. Es wird auch von sehr hübschen Kajüts- oder Kojen-kompassen berichtet, an denen der Schiffer in der Koje liegend ablesen konnte, welcher Kurs anlag. Noch lange nach seinem Tode waren die meisten von Glückstadt fahrenden Schiffe mit seinen Instrumenten ausgerüstet. Außer Segelmacherei und Kompaßbau betrieb J. F. Meyer einen großen Leinwandhandel. Er verkaufte schwerstes Segeltuch und feinstes Leinen. Er hatte Glück mit seinen Geschäftsunternehmungen und brachte es zu bedeutendem Wohlstand. Seiner Familie hat er ein behagliches Heim geschaffen und ließ seinen beiden Töchtern eine aus-gezeichnete Erziehung durch einen sehr befähigten jungen Hauslehrer angedeihen. „Als die Töchter verheiratet waren und die Enkel heran-wuchsen, war sein Haus für sie ein reines Wunderhaus. Der Fuchs, der im Hof an der Kette lag, die vielen Bilder, die verschiedenen Schlangen und ausgestopften Tiere, das Zimmer, in dem er diese Herrlichkeiten präparierte, erregten die Phantasie der Kinder mächtig. Dazu kam

Großvaters imposante Erscheinung mit dem vollen weißen Haar, dem blauen Frack mit goldenen Knöpfen, der schneeigen Wäsche, den blanken Suwarow-Stiefeln mit Quasten und der Pfeife. Großmutters Platz war am Fenster der kleinen Stube, rechts von der Haustüre, wo sie in ihrem braunen Kattunrock auf einem Thron saß und eifrig mit Handarbeit beschäftigt war. Von ihr erhielten die Kinder gewöhnlich ein Stückchen Bischer, ein süßes Gebäck, welches der Nachbar, Bäcker Schmidt Am Hafen 33, vorzüglich bereitete. Besonders festlich wurden die Geburtstage der alten Großeltern begangen, gelegentlich mit Gedichten und Gesang."

Von städtischen Ehrenämtern hat J. F. Meyer das eines Deputierten Bürgers bekleidet. Noch in hohem Alter beteiligte er sich am Scheibenschießen der Bürger. Johann Friedrich Meyer ist 1830 gestorben. Seine Frau überlebte ihn neun Jahre und starb 1839.

William von Halling (1774–1842), *Offizier der dänischen Marine,* war verheiratet mit Metta Magdalena Georgina, 1790–1858, der zweiten Tochter des Segelmachers Johann Friedrich Meyer. Er kam im Jahre 1801 als *Kommandant des Kanonenbootes „Sylt"* nach Glückstadt. In den folgenden Jahren nahm er am *„Kanonenbootkrieg"* mit den Engländern auf der Unterelbe teil. Am 29. August 1809 hatte Premierleutnant Halling das Kommando über eine Flottille von zehn der damals gebräuchlichen *Ruderkanonenboote* und den Auftrag, 83 Kauffahrteischiffe von der Elbe über die Watten nach der Eider zu konvoiieren. Die vor Cuxhafen liegenden Engländer griffen den Geleitzug an mit einer Fregatte, fünf Briggs und einem Kanonenboot. Halling schickte die Handelsschiffe elbaufwärts zurück. In einem sechsstündigen Seegefecht gelang es ihm, die Engländer zurückzutreiben. Hierbei wurde eine ihrer Briggs an der Takelage beschädigt und ihr Kanonenboot abgeschnitten, erobert und in den Glückstädter Hafen geschleppt. 1810 vertrieben zwei Divisionen Glückstädter Kanonenboote unter Kapitänleutnant Halling und Premierleutnant Donner zwei englische Kriegsbriggs aus der Elbmündung. Als Kapitänleutnant hatte Halling auch die Aufgabe, mit den bewaffneten Tjalks „Die Liebe" und „Der junge Trautmann" als Schulschiffen Seeleute für den Dienst in der Kriegsmarine auszubilden. 1811 wurde er zur verbündeten französischen Marine abgestellt. Während seiner Dienstzeit ist er noch bis zum Kapitän zur See aufgestiegen.

Schräg gegenüber an der Kaistraße steht auf quadratischer Grundfläche der *mächtig-eindrucksvolle, backsteingemauerte Speicher* von 1827. Drei Böden haben von der Land- und von der Hafenseite her Zugang durch die in der Fassadenmitte übereinander angeordneten Luken. Das Mansarddach krönt den formschönen funktionalen Bau, ein Wahrzeichen des Binnenhafens. Zu Zeiten der Glückstädter Heringsfischerei (1894–1976) wurde er als *Salzspeicher* genutzt. Das steuerbegünstigte Salz kam mit der Hafenbahn und wurde auf den Speicherboden geschaufelt. Hier wurde es in Kantjes = Heringsfässer gefüllt. Neben dem Speicher lagen riesige Stapel von leeren Kantjes. Wenn die Logger auf Fangreise gingen, nahmen sie leere und einen Teil mit Salz gefüllter Fässer mit. Auf See wurden die mit dem Treibnetz gefangenen Heringe gekehlt, d.h. durch einen Kehlschnitt geschlachtet, eingesalzen und in die Kantjes gepackt.

Das schön restaurierte kleine Haus Nr. 34 war die *Kirche der Mennoniten*. Ursprünglich bildete die Reihe der giebelständigen Kleinhäuser Nr. 33 bis 36 eine homogene Gruppe, die leider durch unsensible Modernisierung von Nr. 33 und 36 sehr gestört ist („Gelbklinkeritis", unproportionierte Fenstereinbrüche).

Vor dem Jungfernstieg steht an der Kaistraße das sehr liebevoll restaurierte einstige *„Königliche Brückenhaus"* Am Hafen 61 direkt am Wasser im Schutz einer Baumgruppe. Mit einer Linde eng aneinandergeschmiegt bietet das Fachwerkhäuschen ein romantisches Bild. Dem gibt der Volksmund Ausdruck mit den gefühlvollen Bezeichnungen „Schloß Stolzenfels" oder „Schloß am Meer". Die zugehörige, vor dem Jungfernstieg über den Hafen geschlagene „Königliche Brücke" diente wohl in erster Linie der Verbindung des weiter hafenabwärts gelegenen Schlosses mit dem im Bereich der Glückstädter Reinigungswerke gelegenen „Königlichen Garten", doch auch der Verkehrsanbindung der Häuserreihe auf dem Rethövel an die Stadt. Weil die Brücke auf den seitlichen Zugang der „Admiralität" gerichtet ist, die von 1727 bis 1781 Gräflich Ahlefeldtscher Besitz gewesen ist, wurden auch die Bezeichnungen „Ahlefeldtsche Brücke" und „Ahlefeldtsches Brückenhaus" verwendet. Sie bedeuten aber nichts weiter als eine Richtungsangabe oder Nachbarschaftsbezeichnung.

Südlich vom Hafen wurden 1650/52 die Festungswerke auf dem Rethövel zurückgenommen und 1653 der Deich von seiner vorherigen Trasse, der jetzigen Stadtstraße auf die des Gänsedeiches vorverlegt. Dadurch erhielt Glückstadt auf dem *ehemaligen Deichkörper einen Landverkehrsweg* nach Süden. Um einen Ausgang aus der Stadt in dieser Richtung zu schaffen, baute man in das neue Festungssystem der Südfront das *Neutor* ein. Dorthin gelangte man über die *„Neue Hafenbrücke"* zwischen Reichen- und Neutorstraße. Später hieß sie *Zuchthausbrücke,* weil sie direkt an das Zuchthaus Am Rethövel 9 heranführte. Sie wurde 1897 abgebrochen. Bis wann die Königliche Brücke erhalten geblieben ist, weiß man bisher noch nicht genau. Ein Plan von 1807 zeigt noch beide Brücken, während einer von 1809/10 und alle jüngeren nur noch die Zuchthausbrücke verzeichnen. Das Königliche Brückenhaus hingegen war 1806 schon im Privatbesitz. Der dem ursprünglichen Gebäude rechts angefügte kleine Anbau stammt aus der Zeit zwischen 1836 und 1856. Die Besitzer im 19. Jahrhundert waren von Beruf Schiffszimmergesell, Seefahrender, Jollenführer, Schiffsschleifer (?), Schiffer, Pensionär und Gastwirtin.

Das *dreistöckige, traufenständige Haus Nr. 40 mit stumpfwinkligem Satteldach,* geputzter Fassade und fünf Fensterachsen ist ein Ersatzbau von 1873/74 für das 1630/31 erbaute, 1868 *abgebrannte „Turmhaus".* Erhalten geblieben und in den Neubau einbezogen worden sind *das Kellergewölbe und der Treppenturm.* Auf Bilddarstellungen des 19. Jahrhunderts ist das ursprüngliche Gebäude zwar zu sehen, doch läßt sich nur eine ungefähre Vorstellung von seiner Gestalt gewinnen. Erkennbar ist ein zweigeschossiges traufenständiges Gebäude von sechs Fensterachsen mit geschoßteilendem Gesims, Satteldach mit einem Zwerchgiebel und zweiflügeliger Haustür in der äußersten rechten Achse. Die Beschreibung, die Detlefsen in seinem Stadtführer von 1906 mitteilt, wird zutreffen, denn er hat das Gebäude von seiner Kindheit an gekannt: „einst ein schönes Haus aus den ersten Zeiten der Stadt. Es hatte zwei hohe Stockwerke im *Baustil des Rathauses.* Die Sandsteinfassung der Fenster war von Giebeln überragt, in denen je ein Kopf in Hochrelief angebracht war. Ein Gesimse aus Sandstein trennte die Geschosse voneinander." Über das ursprüngliche Turmhaus schrieb G. Köhn im Steinburger Jahrbuch 1985: „Ich meine, daß das Haus am Hafen, von dem heute noch der Treppenturm steht, *zugleich mit dem Schloß „Glücks-*

burg" ab 1630/31 gebaut wurde und zwar für die *Geliebte des Königs Wibke Kruse,* die ich 1633 erstmals als Bewohnerin des Hauses nachweisen kann, das ihr der König 1638 schenkte. Nach ihrem Tode 1648 wurde es 1653 von ihrem unehelichen Sohn mit Christian IV. Ulrich Gyldenlöwe wohl weit unter Wert, aber immer noch für eine ansehnliche Summe, für 6900 Mark, an zwei Glückstädter Kaufleute verkauft."

Mit seiner *Schenkungsurkunde* vom 8. Mai 1638 tut der König kund, daß er „aus besonderen Gnaden, womit wir der Ehrbaren, unserer lieben besonderen Wybeke Crausen bestendigh (beständig) zugethan, Ihro und Ihren Erben daß in unserer Stadt undt Vestung Glückstadt auf dem Teiche (Deiche) belegenes Wohnhaus und gebeude sambt allen seinen pertinentien (Zubehör) und sunderbahre (besondere) privilegien, frey (heit) und gerechtigkeit zu gönnen geruhet."

Um 1700 waren nach Frau Obristin Wittmacken Vizekanzler Schröder und nach ihm seine Erben Besitzer. Von ihnen kauften 1765 die „Herren Intereßenten der Grönländischen Compagnie" das Haus. Bis 1779 diente es ihnen 14 Jahre lang als *„Grönlandsches Packhaus".* Dann kam es in den Besitz des Kammerjunkers, Regierungsrats und Stadtpräsidenten von 1776 bis 1789 Christoph Hartwig von Lowtzow. Von ihm erhandelte es der Kammerherr und Landrat bei der Königlichen Regierung, Propst des adeligen Klosters zu Uetersen Peter Graf zu Rantzau. Ihm folgte 1802 der Etats-, Regierungs- und Konferenzrat, Landkanzler und Vizekanzler Matthias Feldmann. Aus dessen Nachlaß kaufte 1826 der Obergerichtsadvokat und spätere Landschreiber in Garding Eckermann das Haus. Nach ihm waren ab 1843 der „Auctionarius" Johann Jürgen Gottfried Koch und ab 1845 der „Obergerichtscopiist" Conrad Ludwig Knoop Besitzer. Im Jahre 1846 erwarb Christian VIII. das Gebäude, das dann das *„Das Königliche Thurmhaus"* genannt wurde. Nach dem Sieg Preußens über Österreich bezog am 14. November 1866 das *Füsilierbataillon des 2. Schlesischen Grenadierregiments Nr. 11* Glückstadt als Garnison und blieb hier bis zum 30. September 1868. Die Truppe nutzte das Turmhaus als *Unterkunft* für 58 Mann. Am 3. Januar 1868 *geriet es in Brand.* In Glückstadt erzählte man sich, die Füsiliere hätten immer die Fidibusse, mit denen sie ihre Pfeifen angezündet hatten, durch die Fußbodenritzen gesteckt und vermutlich damit schließlich den Brand verursacht. Aus der Ruine wurden u.a. 360 schwarze und weiße Marmorfliesen geborgen, von denen 240 brauchbar waren und die die Kirchenjuraten für 19 Taler kauften, „um selbige, nachdem sie abgeschliffen und in Stand gesetzt worden, in der Stadtkirche zu verwenden."

Der erhalten gebliebene *achtseitige Treppenturm* mit doppelt geschweifter Haube wird zur Erinnerung an des Königs ehrbare, liebe, besondere Wibeke Kruse und ihr zu Ehren *Wibeke-Kruse-Turm* genannt. Die offene Krone des Wahlkönigtums auf der Turmspitze kennzeichnet das Gebäude als ein königliches. Die geschlossene Bügelkrone des absolutistischen Königs ist erst durch Friedrich III., den Nachfolger Christians IV. eingeführt worden. Das *Reiterbild der Wetterfahne* soll nach der Glückstädter unhistorischen Legende Christian IV. selbst darstellen.

„He hett blots een Stebel an," heißt es, und das soll so gekommen sein: Der König hätte die Frau des in dem Hause lebenden Admirals Kruse zu Geliebten gehabt und ihn immer, wenn er seine Frau einmal besuchen wollte, mit einem Kommando nach See beordert. Nun sei der Admiral einmal überraschend früher als erwartet wieder eingelaufen. Da habe der König so eilig sein Haus verlassen, „dat he blots een Stebel ankregen hett."

Solche Geschichten nennt man Tweernkram (Tweern = Zwirn). Sie stammen aus den Zeiten, als es noch kein Fernsehen gab und der Glückstädter Bürger noch eine Bank vor seinem Haus auf dem Bürgersteig stehen hatte. Dort setzte man sich an schönen Sommerabenden gelegentlich mit Nachbarsleuten zusammen un smök die Piep (= und rauchte die Pfeife). Wenn die Tagesereignisse und Neuigkeiten aus der Welt genügend besprochen waren und nur noch ab und zu das gurgelnde Geräusch der langen Pfeifen hörbar wurde, konnte es wohl sein, daß an einen der dafür besonders begabten Konferenzteilnehmer die Aufforderung erging: „Tweern mal'n beten" – un denn güng dat ja los.

Zurück zur historischen Wahrheit: In unserem Jahrhundert besaß Bürgermeister Rudolph Brandes (1859–1941) das Haus. Er amtierte in Glückstadt von 1891 bis 1925 und führte nach seiner Pensionierung eine Rechtsanwalts- und Notariatspraxis.

In die insgesamt sehr *eindrucksvolle Hafenzeile* mit ihrer erhaltenen oder wiederhergestellten Baukunst der Stilepochen vom 17. bis 19. Jahrhundert und einigen zurückhaltenden Neugestaltungen sind sonst nur einige vereinzelte *störende Gelbverklinkerungen* und *unproportionierte Fenstereinbrüche* eingestreut. Vielleicht kann man über sie hinwegsehen als

Beispiele aus der Epoche des Wirtschaftswunders. Mit den Häusern Nr. 41 und 42/43 erfolgt jedoch ein *breit gelagerter, massiv störender Einbruch* in das „seltene geschlossene Bild einer durch den Wechsel individueller Formen und unterschiedlichen Aufwandes belebten Uferstraßenfront, zu deren Charakterisierung auch die bescheidenen Häuser beitragen (Kunsttopographie)."

Das Haus Am Hafen 46 mit der Inschrift „Quasi non possidentes", so kann man annehmen, ist um 1630 erbaut worden. Die *geputzte, durch Kolossalpilaster gegliederte Fassade* ist dem zweigeschossigen Breitbau von acht Achsen mit Walmdach *vorgeblendet*. Unter dem Putz und den Pilastern ist das *Backsteinmauerwerk mit den Rundbögen der 1. Hälfte des 17. Jahrhunderts* erhalten. Der Portalaufsatz aus Sandstein ist bei der Gebäuderestaurierung 1985 ff. erneuert worden. Das Original befindet sich im Detlefsenmuseum. Das ovale Feld des Aufsatzes ist von Blüten und Akanthus umgeben und trägt das von zwei Lorbeerzweigen umfaßte, bisher *nicht entschlüsselte Initial W*. Die jetzt ausgemeißelte Jahreszahl 1697 ist unterschiedlich überliefert worden. R. Haupt (1888) gibt 1697 an, Detlefsen (1906) hingegen 1687. Michaelsen (1951) schreibt: „Erbaut wurde es 1687 oder 1697, nicht 1617, wie fälschlich vom Maler angegeben ist." Danach wäre die Jahreszahl ursprünglich gar nicht ausgehauen sondern gemalt gewesen. Das Baujahr gibt sie jedenfalls keineswegs an. Ob sie sonst irgendeinen dokumentarischen Wert hat, ist wegen der widersprüchlichen Überlieferungen fraglich. Das jetzt deutlich erkennbare W wurde von Detlefsen und Michaelsen merkwürdigerweise als der Namenszug des Proviantkommissars Lorenz Jessen gedeutet. Die in den Sturz des Portals gemeißelte *Devise* „*Quasi non possidentes*", = Gleich als wenn sie nichts besäßen, mag verstanden werden als Hinweis des sicher sehr wohlhabenden Hausbesitzers auf die *Vergänglichkeit seines irdischen Reichtums*.

Das 1796 als „das hieselbst auf dem Deich stehende und in den so genannten Ehebrechergang schießende Eck- und Wohnhaus" beschriebene Gebäude war 1695 Besitz der *Witwe des Proviantkommissars* Lorenz Jessen. Nach dem Tode des Kanzlers Andreas Pauli von Liliencron im Jahre 1700 zog die *Regierungskanzlei* aus seinem Haus Am Hafen 15/16 um in das Haus der Witwe Jessen Am Hafen 46. Hier blieb sie wahrscheinlich, bis sie in das 1752 vom Staat gekaufte Wasmer-Palais Königstraße 36 übersiedeln konnte. Als Hausbesitzer folgten auf die Erben

Jessens *Angehörige der Regierungskanzlei und des Obergerichts der höchsten Rangstufen:* Kanzlei- und Etatsrat Peter Johann Michelsen, Konferenzrat und Vizekanzler Georg Friedrich von Horn, Kammerherr und Landrat von Bülow, Ober- und Landgerichtsadvokat G. H. Tiedemann. Mit der Einverleibung Schleswig-Holsteins in Preußen 1867 war die Geschichte Glückstadts als Residenz und Sitz der obersten Landesbehörden des Herzogtums Holstein zu Ende. Der hohen Beamtenschaft schlossen sich als Besitzer und Bewohner des Hauses *führende Glückstädter Kaufleute und Unternehmer* an. Gegenwärtig ist es noch im Besitz der Stadt Glückstadt und *dient kulturellen Zwecken,* z.b. der Unterbringung und Ausstellung musealer Sammlungen der Heimatvertriebenen und regelmäßigen Kunstausstellungen. Wegen der hohen Unterhaltungskosten möchte die Stadt das Haus jedoch gern verpachten. Der *repräsentative Charakter* des Hauses wird betont durch den an der Rückseite angelegten *Garten im Renaissancestil.*

Im Kern des Hauses Nr. 51 ist der *Torfstall der Festung* erhalten. Hier lagerte das Brennmaterial für die Öfen in den militärischen Dienstgebäuden. Nach der Festungszeit wurde der Torfstall *Zollamt.* Schließlich wurde er beispielgebend für die *Wirtschaftswunderarchitektur* in Glückstadt mit gelben Verblendern, Panoramafenstern und Kupferdach.

In der Höhe des Provianthauses lag vor dem Hafendeich von 1799 bis nach 1879 die *Schrödersche Werft.* Hier wurden in den 1850er Jahren mindestens sechs *dänische Zollkreuzer* gebaut. Eins von diesen schnittigen, ursprünglich schnellsegelnden hölzernen Schiffen ist *in Dänemark gefunden* worden. Seit 1921 führt es den Namen „Rigmor" nach der Tochter des damaligen Eigners. Es ist motorisiert worden und hat bis 1985 als Steinfischer und Baggerschiff gearbeitet. Der einstige Zollkreuzer aus Glückstadt ist wahrscheinlich das *älteste deutsche noch seetüchtige Segelschiff.* Freunde historischer Schiffe haben es 1992 heimgeholt an die Stätte seiner Entstehung, und den Förderverein Rigmor von Glückstadt e.V. gegründet. Der hat sich die Aufgabe gestellt, für eine fachgerechte Restaurierung zu sorgen und die dafür erforderlichen Mittel zusammenzubringen. Es ist sehr zu wünschen, daß das „Unternehmen Rigmor" möglichst bald von Erfolg gekrönt sein möge und das Schiff vor dem Platz seiner Bauwerft an der Pier liegen und in seiner alten Schönheit unter vollen Segeln vor den Glückstädter Molen auf der Elbe kreuzen kann.

Auf den Plätzen des Zollamtes und der beiden hafenabwärts benachbarten Häuser ließ König Christian IV. 1629 bis 1633 sein *Schloß Glücksburg* errichten. Hier hat er gern und oft Hof gehalten. Seine Anweisungen, Vorschriften, Verordnungen und Erlasse sind in großer Zahl hier datiert. Glanzvolle Höhepunkte erlebte das Königsschloß am Glückstädter Hafen, im Juli *1639 beim protestantischen Fürstentag, 1643 bei der Hochzeit des Thronfolgers* mit einer lüneburgischen Prinzessin und wieder 1667 bei der *besonders großartigen Hochzeitsfeier ihrer Tochter mit dem Herzog Friedrich von Schleswig-Holstein-Gottorp.* Zwischen dem Schloß und dem Provianthaus von 1633, dem Vorgängerbau des noch bestehenden von 1705, ließ Christian IV. 1641/42 noch die *Schloß- und Garnisonkirche* errichten. Die Residenzstadt Glückstadt hat ihren Glanzpunkt jedoch nicht lange behalten können. Schon 1638 waren die ersten Reparaturarbeiten am Schloß und 1648 am Schloßturm erforderlich. Im Jahre 1652 waren die Schäden so umfangreich, daß Friedrich III., Christians IV. Nachfolger, die ganz erhebliche Summe von 4000 Reichstalern für deren Beseitigung bereitstellen mußte. Doch der *Verfall schritt fort und war nicht aufzuhalten.* Bereits 1661, dann wieder 1672 klagten die Beamten der Regierungskanzlei, sie gerieten beim Betreten und Verlassen des Schlosses in Gefahr, von herabfallenden Steinen erschlagen zu werden. Um dem vorzubeugen, verlegte der Kanzler Pauli von Liliencron die Landesregierung in sein Haus Am Hafen 15/16. König Christian V. mußte sich 1702 bei Admiral von Paulsen Am Rethövel 14 in der Admiralität einquartieren. Das *Königsschloß war unbewohnbar geworden.* 1708 wurde angefangen, es abzutragen. Mit dem „Grand", dem nicht mehr verwertbaren Bauschutt, füllte man zuletzt noch den *Deichbruch des Schleusenberges* von 1718 und 1719. Das Wahrzeichen der königlichen Residenz Glückstadt ging so schnell wieder verloren, weil der *Marschboden große Bauwerke* nicht trägt. Heute weiß man, daß man Holz- oder Betonpfähle rd. 25 m tief bis in den diluvialen Sand rammen muß, auf die man die Grundmauern setzt. Zu Christians IV. Zeit spaltete man Buchenstämme der Länge nach auf und legte die Hälften mit der flachen Seite nach oben. Darauf setzte man die Mauern. Mit dem Versinken der Glücksburg ist der glänzende Stern Glückstadts schon nach weniger als 100 Jahren wieder untergegangen. Zwar sind Dänemark und seine Könige der Stadt gewogen geblieben, so lange es sich eben machen ließ, aber die vom Gründerkönig gewollte Großartigkeit ist dahingeschwunden. An das einstige Königsschloß erinnert nur noch der Name der Straße, die an dessen hintere Bereiche führte: Königstraße. Alte Glückstädter wissen noch, daß der Platz hinter dem Provianthaus, der der Farbenfabrik zugeschlagen wurde, früher *Schloßplatz* hieß. Und im Garten von *Schloß Rosenborg in Kopenhagen* steht noch das *Denkmal des dänischen Löwen, der das Welfenroß schlägt* (Abb. 14). Christian IV. hatte es vor seiner

Abb. 14   Das Löwendenkmal

Glücksburg am Glückstädter Hafen von Peter Husum errichten lassen als *Manifestation seiner politischen Absichten.* Es ist wohl gut, daß es nach Kopenhagen versetzt worden ist, sonst würden die Niedersachsen womöglich noch mißtrauisch werden.

Die beiden *Durchlässe im Schleusendeich* nennt man *Stöpen.* Bei Sturmflut werden ihre Tore geschlossen. In die seitlichen Schlitze werden Metallplanken eingesetzt und der Zwischenraum mit Sandsäcken vollgepackt. Die für die Stöpensicherung nötigen Materialien lagern im

Bunker an der Seite. Rechts von der unteren Stöpe findet man an der Außenmauer *zwei Marken,* die die *Höchstwasserstände* der beiden bisher letzten gefährlichen Sturmfluten anzeigen: 16./17. Febr. 1962 NN + 5,60 m und 3. Jan. 1976 NN + 5,83 m. Bei der Februarflut von 1962 waren an den Stöpen noch die alten, niedrigeren Holztore. Zur Abwendung der Katastrophe war die Hilfe der Bundeswehr entscheidend. Hier fand sich ein tüchtiger Maurergeselle ein und packte die von den Soldaten der Glückstädter Marinegarnison herangeschleppten Sandsäcke fachmännisch auf. Als der Einsatz an den Glückstädter Hafenstöpen erfolgreich beendet war, begleitete er die Marinesoldaten noch tagelang als Pionier-Sachverständiger. Mit Rat und Tat half er ihnen bei ihren Sicherungsarbeiten an den vielen Schadensstellen an den Deichen der benachbarten Marschen.

Später bekamen alle bei der Katastrophe vom 16./17. Februar 1962 eingesetzten Helfer „die bei der Abwehr der Gefahren nachhaltig Hilfe geleistet" hatten, die *vom Ministerpräsidenten gestiftete „Sturmflutmedaille"* verliehen. Unser Maurer stand jedoch auf keiner Liste. Seine jungen Einsatzkameraden kannten bestenfalls vielleicht seinen Vornamen. Später fragte ihn sein Meister gelegentlich einmal danach und stellte fest, daß sein Geselle die Medaille nicht bekommen hatte. Er konnte jedoch den inzwischen längst an einen anderen Standort versetzten Offizier ermitteln, der den tagelangen Einsatz des Zivilisten bei seiner Einheit bezeugte. So konnte der Bauunternehmer seinem Mitarbeiter zur nachträglichen Verleihung der verdienten Auszeichnung verhelfen.

Von der Rollbrücke über den Hafen blickt man auf die niedrigeren *Dockschleusentore.* Sie werden nur bei Hochwasser geöffnet, um Schiffe in den Binnenhafen durchzuschleusen. Die Tore der beiden *Sturmflutschleusen* werden bei Gefahr außergewöhnlichen Hochwassers geschlossen. Auf der Südseite werden *der Rhin und das Schwarzwasser* in den Außenhafen geleitet. Das Schwarzwasser entwässert die hinter der Marsch gelegenen Moorgebiete und führt entsprechend dunkleres Wasser, daher der Name. Um die Entwässerung des Hinterlandes im ganzen Rhingebiet zu verbessern, wurde 1950 das *Schöpfwerk* an den Mündungen angelegt.

Eine Insel im Rhin-Splethe-Delta: Der Rethövel

Der Rethövel war vor der Eindeichung der Wildnisse und Anlage der Stadt und Festung mit ihrem Hafen ein *mit Reth bewachsener Hügel,* eine Insel zwischen den *Mündungen des Rhins und der Splethe.* Durch deren Bett wurde später das *Schwarzwasser* geleitet. Aus dem Namen Rethövel könnte man schließen, daß es sich um eine aus dem Watt ragende, bei normalem Hochwasserstand überspülte Erhöhung gehandelt hat, denn Reth wächst im amphibischen Bereich. Auf der *Karte des Kremper Landmessers Bertholomäus Schröder* (Abb. 15) von 1601 ist jedoch vor dem

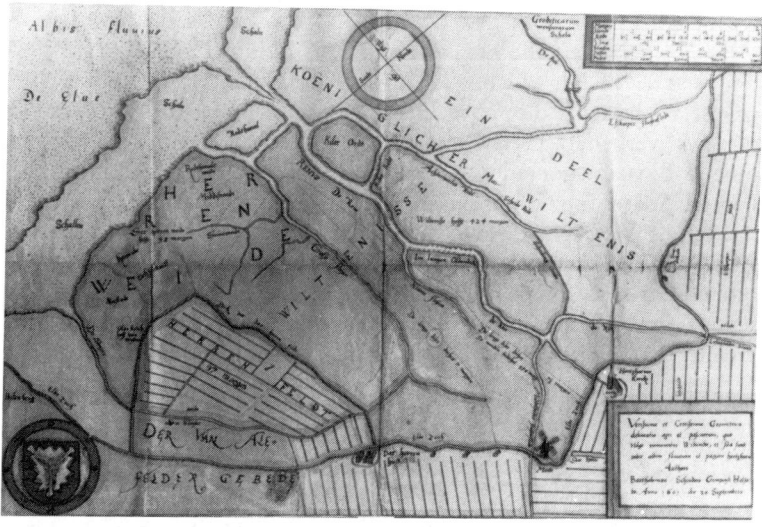

Abb. 15   Karte des Kremper Landmessers Bartholomäus Schröder von 1601

Elbufer eine kartographisch abgehobene Zone als Schallen bezeichnet, und das ist das bei gewöhnlicher Flut überspülte Vorland zwischen Watt und Weideland mit Rethbewuchs (Schallen auch = Schalgen, Rethschallen oder Rethschalgen). Hiervon ist der Rethövel durch eine geschlossene Uferlinie unterschieden und kartographisch dargestellt wie die jenseits der Splethe nach Süden anschließenden Außendeichsländereien „Rethoeuels weide", „Middelweide", „Swineweide", „herren weide", „Koweide", und „Ochsenknill". Die Weiden sind ohne Zweifel flutfreies Gelände gewesen, wobei der „Ochsenknill" (= …knüll oder… knöll) sich aus seiner Umgebung als „höher gelegene Stelle" abhob. Die unmittelbar angrenzende Flur ist als „Niestadt" = Nygenstadt bezeichnet und enthält eine kleine punktierte Kreislinie mit der Beschriftung „Olde Kerck hoff van Niestat" = Alter Kirchhof von Nygenstadt.

Auf dem 1642/44 entstandenen *„Grundriß der Vehstung Glückstadt"* (Abb. 16) des *Husumer Kartographen Johann Mejer* ist eine geplante *Aus-*

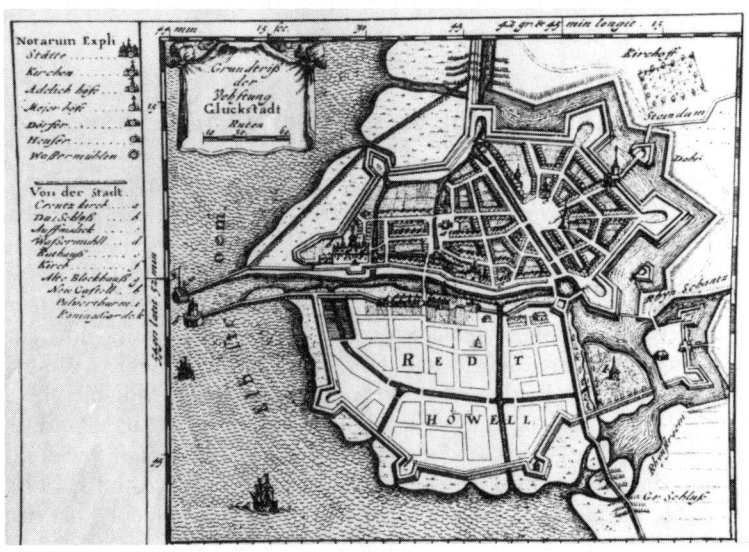

Abb. 16   „Grundriß der Vehstung Glückstadt" 1642/44

dehnung des Glückstädter Stadtgebietes über den ganzen Rethövel dargestellt. Die ganze Insel ist von einem Wall mit drei Bastionen umgeben. In ihrem Ostteil ist der *königliche Garten* mit dem Pavillon in der Mitte zu sehen. Zwei sich kreuzende Flethe durchziehen die Gesamtfläche, die durch ein schachbrettartiges Straßennetz gegliedert ist.

Den Königsgarten hat es gegeben, die Umwallung der Rethövelinsel auch. Die Straße auf dem Uferrand des zum Hafen ausgebauten Rhin gibt es noch heute: Am Rethövel. Friedrich III., des Gründerkönigs Sohn und Nachfolger, hat den Plan, auf dem Rethövel eine Glückstädter Neustadt anzulegen, aufgegeben. Er ließ um 1650 die Festungswerke am Inselrand abtragen und weiter zurück neu aufbauen. 1653 ließ er den *Elbdeich* von der Trasse der jetzigen Stadtstraße auf die des Gänsedeiches vorverlegen. Dadurch wurde der Rethövel in den Deichband einbezogen und *verlor seinen Inselcharakter*. Der neu angelegte Hauptgraben, jetzt Unterlauf des Rhins, und das umgeleitete, als Vorgraben in das Festungssystem einbezogene Schwarzwasser (Splethe) durchschnitten die ehemalige Insel. Der Königsgarten fiel der Gesamtmaßnahme zum Opfer.

Vom Mühlenberg zum Kehrwieder: Am Rethövel

Die Straße am Rethövel führt vom *Mühlenberg an der Stadtstraße* zum *Kehrwieder beim heutigen Schleusenberg*. Der Mühlenberg lag zwischen dem alten Schleusenberg am Hafenende und der Bastion Erbprinzessin hinter der noch bestehenden Schiffswerft. Bis 1939 stand hier die *Ruine einer Windmühle,* eines Galerieholländers. Nach dem letzten Besitzer Müller Thode war sie allgemein als Thodes Mühle bekannt und ein Wahrzeichen der Stadt Glückstadt. Ihr Abbruch wurde sehr bedauert. Fritz Lau klagte: „Bald hefft se vergeten, Dat mal'n Möl hier hett stahn!" Schon bald nach der Stadtgründung war der Platz Standort einer Windmühle geworden. Sie wurde die königliche genannt, weil sie anfangs Staatsbesitz gewesen ist und verpachtet wurde. „Anno 1619 ist die Mühle erbauet und zu Schiff von Dänemark hergebracht," hat der Chronist Scharmer vermerkt. *Pappenheim, der berühmte kaiserliche Reitergeneral* des 30jährigen Krieges, meldete im Bericht über seine Erkundung der Festung Glückstadt: „Eine Windmühle ist zu Ende des Dammes gleich vor dem Port (= Hafen), von der die ganze Stadt gleich als von einer Zitadelle kommandiert wird." Die *ursprüngliche Bockmühle* erlitt beim Bruch des Schleusenberges 1718 Totalschaden. An ihrer Stelle wurde 1719 die 120 Jahre später abgerissene Holländerwindmühle errichtet. Der Mühlenbetrieb ist in unserem Jahrhundert an den Binnenhafen verlegt worden. Dort war der Antrieb ein Verbrennungs-, später Elektromotor. Ein Betriebsgebäude blieb erhalten, die Gaststätte „Zur alten Mühle" gegenüber vom Haus „Quasi non possidentes". Noch *zwei weitere Windmühlen* hat es auf dem Rethövel gegeben. Auf der Bastion Sonderburg stand ab 1696 die *Proviantmühle* des Kommissars Lorenz Jessen (Am Hafen 46), eine Bockmühle. Sie blieb bis 1860 bestehen. Die Lage der Bastion Sonderburg ist noch erkennbar an einem markanten Bogen des ehemaligen Hauptgrabens und jetzigen Rhinkanals bei der Brücke des Weges von der Neutorstraße zu den Grundstücken Am Schwarzwasser. Die dritte, ebenfalls 1696 erbaute Windmühle, *Bäckermühle* (Abb. 17) genannt, stand auf dem „Kehrwieder" bei der Bastion Schleswig. Auch sie war eine Bockmühle. Ein

Abb. 17   Bäckermühle

Sturm hat sie 1848 umgeworfen. Sie ist nicht wieder aufgebaut worden. Ein „Kehrwieder" ist dort, wo der Weg nicht weiterführt und man umkehren muß.

Eine ausführliche Abhandlung über die Geschichte der Mühlen in Glückstadt hat Wilhelm Ehlers in der Glückstädter Fortuna vom 6. 5. 1939 veröffentlicht.

Auf dem Mejerschen „Grundriß" von 1643 ist die Straße Am Rethövel locker bebaut mit sieben Häusern, die alle realistisch dargestellt sind wie im übrigen Stadtgebiet nur einzelne von hervorragender Bedeutung. Hier an der *Uferstraße* sollte die *Prominenz* sich ansiedeln. 1673 waren das der Königliche Hofrat und Doktor Konrad Hesse, die Grafen Rantzau, der Proviantmeister Wilhelm Arrien, der Königliche Sekretär Henning von Eitzen, des weiland königlich-dännemarkischen Rat und Stadtpräsidenten Heinricus Thomas Frau Witwe (Köhn, Stb. Jb. 1985). Ein Haus auf Mejers Plan ist *zweifelfrei identifizierbar:* das langgestreckte, zweigeschossige Gebäude mit hohem Satteldach und je vier Zwerchhäusern an der Vorder- und Rückseite unmittelbar links neben dem Ansatz der königlichen Brücke. Heute nennt man es die *alte Admiralität.* Von 1894 bis 1976 war es die Heringsfischerei. Dank der Forschungen Franz Michaelsens ist eine Reihe von Daten und Fakten aus dem 17. Jahrhundert bekannt, so daß sich ein recht klares Bild von der Hausgeschichte ergibt. Er hat jedoch alle seine Ergebnisse auf das östliche Nachbarhaus mit dem Turm vor der Front bezogen, denn er hielt das Haus westlich von der Brücke für Ahlefeldtschen Besitz von Anfang an. Das ist es aber tatsächlich erst von 1728 bis 1781 gewesen. 1633 oder kurz davor ist es erbaut und war von Anfang an bis 1695 *„Ihrer Königlichen Majestät Haus".* Im Steinburger Jahrbuch 1966, S. 9 schreibt Franz Michaelsen über den *Bildhauer Jürgen Kriebel* (Kanzeln in Glückstadt, Otterndorf und Bremen): *„Er wohnte seit 1633 im königlichen Neubau zu Glückstadt, das war das „Snedkerhus" am Rethövel."* Nach seinem Tode 1645 bestellte Friedrich III. im Jahre 1649 Peter Heitmann, den Sohn des berühmten Jürgen Heitmann aus Wilster, als königlichen Bildhauer. Wie sein Vorgänger hatte er die Aufgabe, das im Schloß und in der Schloßkirche vorhandene Bildhauer- und Schnitzwerk instandzuhalten. Er erhielt ein festes Gehalt und wohnte mietfrei „in einem dem Könige gehörenden Hause auf dem Rethövel." Neben seiner Arbeit im königlichen Dienst war er auch freischaffend tätig. Er schuf z. B. Altäre für die Kirchen in Neuenkirchen, Borsfleth und Süderau. In dem Haus war seit 1649 auch die *königliche Apotheke* untergebracht, bis sie 1672 in das Haus Am Hafen 14 umzog. 1664 war das *Haus sehr verfallen.* Der König ordnete umfangreiche Baumaßnahmen an, besonders an der westlichen und an der südlichen Mauer. 1670, nach dem Tode Friedrichs III. bat Peter Heitmann dessen Nachfolger Christian V. um Bestätigung seiner Bestallung und meldete, er hätte 415 Reichstaler Reparaturkosten selbst aufgewendet, weil der *Einsturz des Hauses stündlich zu besorgen* gewesen sei. Auf dem Dachboden habe der Kgl. Proviant-, Bau- und Ammunitionsverwalter *Proviantkorn gelagert.* Dafür hätte Heitmann nichts gefordert oder erhalten. Der neue König entließ jedoch seinen Bildhauer. Gegen eine billige Miete durfte er im Hause wohnen bleiben, erhielt jedoch seine Reparaturkosten nicht erstattet. Er hätte ja 20 Jahre kostenlos dort gelebt. Anschließend ist dann wahrscheinlich die *Proviantlagerung die Hauptnutzung* des Hauses geworden. Vielleicht war das 1633 am Proviantgraben erbaute, 1705 durch einen Neubau ersetzte Provianthaus nicht mehr benutzbar. Auf königlichen Befehl verkaufte 1695 der Ober-Kriegs-Commissarius Ehrenfried Amthor „das in Glückstadt auf dem Reithügel negst über der neuen Brücke („neuen" ist irreführend, bedeutet wohl erneuerte, denn die neue Brücke war die zwischen Reichen- und Neutorstraße) nach dem so genannten Kehrwieder belegene alt Proviant = Hauß mit dem dabey befindtlichen Platze und Hofraum, als von dem Hafen bis an den Zwerchgraben (= Quergr.), welcher den Hofraum zu diesem Hause und von dem Königl: apotheker Garten scheidet..." an Herrn *Bernhard Christian Woldenberg* für 1650 Mark. Woldenberg war in Glückstadt geboren, Bürger seit 1689, Kaufmann, Reeder und Ratsverwandter. Der Verkauf geschah „jedoch mit dem austrücklichen Bedinge, das der Herr Käufer sol gehalten sein, dies *verfallene Hauß fordersamst wieder zu repariren* und zu bauen, insonderheit den untersten Theil davon (das Sockelgeschoß) zum *Packraum,* wie auch die helfte des ersten Bodens solcher gestalt zu aptiren (= anpassen, herrichten), das von denen alhier zu Glückstadt liegenden *Königl. Schiffen die dazu gehörige Geritschaften,* als Segel, Ancker, Tauen und dergleichen *können eingebracht* und aufgelegt werden." Außerdem wurde der Käufer verpflichtet, „mit seinen Kosten *einen guten Krahn oder Winde,* die Sachen von den Schiffen auf- und einzubringen, setzen zu laßen." Den für den Anschluß an die Forschungsergebnisse Michaelsens sehr wesentlichen zitierten Kaufkontrakt des königlichen Kommissars mit dem Kaufmann Woldenberg überreichten dem Verf. dankenswerterweise die Architekten Jungjohann + Hoffmann + Krug, Kiel. Woldenberg verkaufte das Haus 1699 weiter *an den Admiral Matthias von Paulsen,* seit 1681 *Befehlshaber der Glückstädter Flottenequipage.* Man kann wohl annehmen, daß Woldenberg es vertragsgemäß instandgesetzt und als Admiralität eingerichtet hat, als er vier Jahre lang Besitzer war. Den fünffachsigen *westlichen Erweiterungsbau* hat M. v. Paulsen errichten lassen, denn im Überfrageprotokoll beim Verkauf durch seine Erben 1728 heißt es in der Beschreibung des Gesamtkomplexes, er hätte das Haus „auch zum Theil selbsten angebauet." Auch geht daraus hervor, daß er den hinter dem Gebäude gelegenen Garten des Schloßapothekers erworben hatte. Der Admiral starb 1710. Besitznachfolger waren seine beiden Söhne Kommandeur (Marineoffizier) und Oberstleutnant Paulsen. Von Ihnen kaufte 1728 der Königliche *Konferenz- und Landrat Christian von Ahlefeldt,* Erbherr auf Klein Collmar und Verbitter des Hochadeligen Klosters zu Itzehoe die Admiralität, in der das *„See-Etat Magazin"* weiterhin verblieb. Die Epoche des Hauses als Ahlefeldtsches Palais dauerte 53 Jahre bis 1781. Der westliche Anbau war inzwischen für 62 Jahre vom Gesamtbesitz getrennt worden, als der Konferenz- und Landrat ihn 1758 an die „Hoch-Wohlgebohrne Conferentz Rähtin Frau Eliesabeth Dorothea Hildebrandt" verkaufte. Auf sie folgten ab 1789 nacheinander einige Kaufleute als Besitzer, bis er 1820 wieder mit dem Ursprungsbau zusammen in eine Hand kam. Das ursprüngliche Gebäude gelangte bereits 1782 aus dem Ahlefeldtschen Nachlaß in bürgerlichen Besitz.

1817 *kaufte Conrad Löhmann das Hauptgebäude* und 1820 den Anbau. Rund vierzig Jahre war hier nun das *„Löhmannsche Grönländische Packhaus".* Nach dem Ende der Grönlandfahrt 1863 nutzte er das Gebäude und das zugehörige Gelände industriell. Er betrieb eine *Cichorienfabrik* und eine *Cigarrenfabrik.* Ab 1893 war die Glückstädter Fischerei-Actiengesellschaft, später *Glückstädter Heringsfischerei A. G.* Besitzerin bis 1976, danach die Asmus KG Yachtbau und nachfolgende Firmen.

Der Umbau zur Heringsfischerei *veränderte die Ansicht des Gebäudes entscheidend,* besonders dadurch, daß das hohe, nach beiden Seiten abgewalmte, über Ursprungs- und Erweiterungsbau reichende Ziegeldach ersetzt wurde durch einen *Drempel mit wenig geneigtem Pappdach.* Der unsichere Baugrund hatte wieder erhebliche Schäden verursacht, denen man mit *konstruktiven Maßnahmen zur Stabilisierung* des Gebäudes entgegenwirkte, z.B. durch Strebepfeiler. Erkennbare Merkmale des originalen Erscheinungsbildes sind die Gliederungen der beiden Fassaden und ihre Zierformen, beim Ursprungsbau zwölf Achsen und für die erste Hälfte des 17. Jahrhunderts charakteristische runde Entlastungsbögen, beim Erweiterungsbau fünf Achsen und flache Entlastungsbögen als Kennzeichen der Epoche Ende 17./Anf. 18. Jahrhundert. Das *Barockportal* befindet sich nicht an seinem ursprünglichen Platz. Der Zeitzeuge der Heringsfischereigründung Prof. Detlefsen schrieb 1906: „Die jetzt an die östliche Nebentür versetzte Sandsteinumrahmung der Haupttür zeigt an den Pfosten schönes barockes Blattwerk, auf der Oberschwelle die Jahreszahl 1701 und über der Tür ein Allianzwappen. Der Türbogen ist mit dem in schmiedeeiserner Durchsteckarbeit gebildeten Namenszug M V P (Matthias von Paulsen) geziert." Er war 1699 geadelt worden. Unter untitulierter Adelskrone im gesprengten Segmentgiebel sein Wappen: in silbernem Schild auf rotem Schrägbalken ein Medaillon mit zwei gekreuzten Ankern, und das seiner Frau Hedwig geb. Johansen: in silbernem Feld ein grüner belaubter und bewurzelter Baum. Auf einem um 1890 von der Windmühle am Hafenende her aufgenommenen Foto erkennt man in der Front des ursprünglichen Gebäudes in der *Mitte das Hauptportal* und über den *Nebeneingängen* in den zweiten Achsen der beiden Flügel *je einen Dreiecksgiebel*, wie er über der vermauerten Tür des Westflügels noch vorhanden ist, in seinem Feld geziert mit dem Monogramm M v P. In das jüngere westliche Nebengebäude führt eine Oberlichttür ohne Bekrönung.

Östlich vom einstmals königlichen Haus, der späteren Admiralität, zeigt der Mejersche Plan zwei Nachbargebäude, beide mit einem Turm oder Dachreiter. Das nähere mit drei Zwerchgiebeln erscheint höher und stattlicher als das des Königs. Er gehörte 1642 *Gewert Titkens, dem Baumeister,* der an der Errichtung des Königsschlosses, des Rathauses und des Kastells auf der Südermole maßgeblich beteiligt war. Der nächste Besitzer war seit 1660 *Stadtpräsident Hinrich Thomas.* Seiner Witwe gehörte das Haus noch 1680. Die mit 18 Mark recht hohe Versicherungsprämie bei der Brand- und Schützengilde läßt wie die Zeichnung auf Mejers Plan auf ein Gebäude von beträchtlichen Ausmaßen schließen. 1695 ist *Justizrat Heinrich Pohlmann* (1635–1719) als Besitzer verzeichnet. Sein *Epitaph hängt in der „Neuen Kirche"* am Pfeiler. 1723 erhielt seine Tocher Anna Margaretha, „des wolseligen Doctoris Michelsen nachgelassene Wittwe" das „aus zwei Wohnungen bestehende Haus" aus der Erbteilung mit ihrem Bruder. 1726 und 1728 wird Kanzleirat Peter Johann Michelsen, wahrscheinlich ihr Sohn, als Eigentümer angegeben und im Februar 1737 als „selig" bezeichnet. Er hatte 1725 das für die Landesregierung gemietete Haus „Quasi non possidentes" Am Hafen 46 von den Erben des verstorbenen Proviantkommissars Lorenz Jessen gekauft. Auch nach seinem Tod tritt im 18. Jahrhundert weiterhin Etatsrat Peter Johann Michelsen als Besitzer auf, wahrscheinlich der Sohn. Mit 5000 Reichstalern hatte das Haus 1766 und 1774 weiterhin einen sehr hohen Versicherungswert.

Das nach Osten hin nächstfolgende, von Mejer recht viel kleiner gezeichnete Haus gehörte 1642 *Albrecht Baltzer Behrens* aus dem Handelsimperium Behrens (Berns) und Marselis. Diese Firma unterhielt privatwirtschaftlich zwei militärische Einrichtungen: ein *Zeughaus auf dem Rethövel*, in dem sie die *Waffenausrüstung der Festung* bereitzustellen hatte und von dem aus sie mit königlicher Erlaubnis *Waffenhandel* betrieb, sowie das *Gießhaus* in der Königstraße, wo sie sowohl für den König als auch für den Export durch ihren Meister Franciscus Ahasverus Roen Geschütze und andere Werke der Gießerkunst herstellen ließ.

1695 besaß Oberauditeur Meyer das Haus, und 1756 hatte es der Etats- und Kanzleirat Michelsen als „Nebenhaus" seinem Besitz hinzugefügt. Dessen Versicherungswert betrug 1766 und 1774 500 Reichstaler und wurde 1787 umgeschrieben auf 2000 Reichstaler. Wahrscheinlich hat Michelsen damals sein *Nebenhaus durch einen Neubau ersetzt, das jetzt noch bestehende Haus Am Rethövel 12* mit Mansarddach und Barockhaustür. Stilistisch entspricht es der Bauweise gegen Ende des 18. Jahrhunderts. 1790 kaufte „Seine Hoch- und Wohlgeboren der Herr *Kammerherr und Obrister von Bechtolsheim* die zween hierselbst aufm Rethhügel belegenen Wohnhäuser nebst Stall und Wagenschauer und zugehörigen Garten nebst Gartenhaus" von den Erben des Justizrats Michelsen. Mit vollem Namen hieß der neue Besitzer Ludwig Friedrich Baron von Mauchenheim genannt von Bechtolsheim (8. 3. 1736–22. 9. 1813). 1789 wurde er Oberst und *Kommandeur des Königin-Leibregiments* in Glückstadt und 1803 als Generalleutnant *Festungskommandant*. Nach seinem Tode blieb die *Kommandantur* in seinem Haus, auch während der Belagerung Dez. 1813/Jan. 1814.

1817 kaufte die „Allerhöchstverordnete *Baukommission zur Erweiterung der Strafanstalten* die zwey Wohnhäuser nebst Stall und Wagenremise, auch den dahinter belegenen Garten und das darin befindliche Gartenhaus" von den „Erben des verstorbenen Herrn Generallieutenants und dessen Frau Gemahlin (gest. 1816)". Das ursprünglich Gewert Titkenssche Haus wurde *1819 abgerissen,* und in dem wahrscheinlich 1787 erbauten und *noch heute bestehenden Bechtolsheimschen Haus Am Rethövel 12* wurde das *Frauenzuchthaus* eingerichtet. Nachdem 1875 die Insassen des Zuchthauses Am Rethövel 9 nach Rendsburg in das neu errichtete Zuchthaus verlegt worden waren, wurde die Frauenstrafanstalt in das alte Glückstädter Zuchthaus verlegt und 1927 aufgelöst.

Von der Mitte des Marktplatzes her fällt der Blick durch die Große Deichstraße über den Binnenhafen hinweg auf die Vorderfront des *einstigen Zuchthauses* (Abb. 18) Am Rethövel 9 mit dem kupferbeschlage-

Abb. 18   Zuchthaus auf dem Rethövel um 1850

nen Dachreiter. Heutiges Verständnis von einer solchen Einrichtung läßt in dem schloßartigen Vierflügelbau um einen Innenhof wohl kaum ein Zuchthaus erkennen. Ursprünglich stand *an seiner Stelle das Palais des Grafen Christian Rantzau auf Breitenburg,* das auch die „Steinburg" genannt wurde und einen städtebaulichen Akzent setzte. Mit ihrer gründlichen Arbeit im Steinburger Jahrbuch 1985 hat Grete Athen, Elmshorn, bis dahin offene Fragen seiner Baugeschichte geklärt. Auf ihren Ergebnissen beruht die folgende Darstellung hauptsächlich.

G. Köhn spricht die beiden im Mejerschen Plan östlich der späteren Admiralität gezeichneten Gebäude als die Palais Marquard und Christian Rantzaus an (Stbg. Jahrb. 1985). Ein Vergleich mit dem von G. Köhn und G. Athen herangezogenen „Plan für den Bau des verkürzten Befestigungsringes auf dem Rethövel 1650/52" aus der Kgl. Bibliothek Kopenhagen läßt jedoch erkennen: Die Palais der Rantzaus sind mit den beiden Gebäuden gemeint, die Mejer östlich von dem 1640

109

durch den ganzen Rethövel gegrabenen Nord-Süd-Fleth gezeichnet hat. Dabei ist das dem Fleth zunächst gelegene als noch nicht vollendet erkennbar.

Im Jahre 1640 schenkte König Christian IV. dem Grafen Christian Rantzau die *Steinburg*. Sie war *früher Sitz der Amtmänner* des nach der Burg benannten Amtes gewesen. Der Name blieb erhalten im heutigen Kreis Steinburg. Rantzau sollte die Burg abtragen und dafür in Glückstadt auf dem Rethövel „ein bequemes Wohnhaus" bauen. Auf Befehl des Königs wies der Gouverneur der Festung Graf Pentz dem Grafen Rantzau gegenüber der Deichstraße „neben Oluff Steffens Grundstück" einen diesem gleich großen Platz an. Steffens hatte sein Haus und Grundstück 1636 Marquard Rantzau abgekauft, dem Kommandanten, der Glückstadt gegen die Belagerung durch die Truppen Wallensteins 1627/28 verteidigt hatte.

In den Jahren 1640 bis 1643 ließ Christian Rantzau sein Haus auf dem Rethövel errichten. Dabei fanden *Materialien und Bauteile der abgetragenen Steinburg* Verwendung. Auf dem Festungsplan von 1650/52 ist es als Dreiflügelbau eingezeichnet mit der Beschriftung Christian Ranzau und steht in der Blickrichtung der Großen Deichstraße. Der Standort ist sicherlich mit städtebaulicher Absicht gewählt. Wie bei repräsentativen Bauten des 17. Jahrhunderts üblich, hatte auch das von seinem Besitzer „Steinburg" genannte Palais einen *Treppenturm*. Er war 70 Fuß hoch. Das waren ungefähr 23 Meter. An dem auf *äußerst unsicherem Grund* gebauten Haus traten schon bald Schäden auf. Auch die Vorsetzen des Hafenufers und die Deichstrecke vor dem Grundstück waren immer wieder reparaturbedürftig. Zur Instandhaltung waren die Anlieger verpflichtet. Schließlich *schritt der Verfall so weit fort,* daß Friedrich IV. 1719 befahl, das Rantzausche Haus auf dem Rethövel abzureißen. 1725 stand nur noch der Turm. Der König hätte ihn gern „als Zierat" erhalten, doch er stand bereits schief und wurde aus Sicherheitsgründen auch abgerissen. Ständig bedrängten die königlichen Behörden die letzte Besitzerin des Grundstücks, einzige Nachfahrin des Grafen Christian, Hedwig Gräfin von Castell-Rüdenhausen, sie sollte die *immer wieder beschädigten Vorsetzen* instandsetzen. Um die kostspieligen Belastungen endlich loszuwerden, stellte sie ihren Platz auf dem Rethövel schließlich kostenlos zur Verfügung, damit darauf ein *Zucht-, Werk- und Tollhaus* erbaut werden könnte. Obendrein erklärte sie sich bereit, zu den Baukosten 400 Reichstaler zuzuschießen. Am 6. September

1736 übernahm der Fiskus den vormals Rantzauschen Platz. Die Arbeit Grete Athens bestätigt eindeutig: Das Zuchthaus ist nicht durch Umbau oder Verwendung von Teilen des Rantzau-Palais „Steinburg" entstanden, sondern ist ein in drei Abschnitten 1738/39, 1744 und 1755 errichteter Neubau auf dem Platz seines abgerissenen Vorgängergebäudes.

Noch in unserer Zeit wurde im Zuchthaus die *schwerste Form der Bestrafung* vollzogen. Mit ihr war die dauernde Unfähigkeit zur Bekleidung öffentlicher Ämter verbunden. In ihren Anfängen im 18. Jahrhundert war die von der *Aufklärung und vom Pietismus geprägte Idee des Zuchthauses* eine ganz andere: Der Gedanke der *Besserung*, also *Rehabilitation von Verwahrlosten durch Zucht* = Erziehung lag zugrunde. Durch Frömmigkeit und Arbeit sollten sie gebessert werden. Auch den *Tollen* = *Geistesgestörten* sollte sich das Zuchthaus hilfreich zuwenden. Vorher lebten sie von der Menschengemeinschaft abgesondert, oft angekettet in Ställen und Verliesen.

Der hiesige Magistrat hatte Glückstadt schon 1735 als besonders geeignet angepriesen, hier ein Zuchthaus zu erbauen: Von der Frau Gräfin Castell werde ein ansehnlicher Platz gratis offeriert, in unmittelbarer Nähe sei die *wohlbesetzte Neutorwache* und „Die meisten Vagabonden sind zu erwarten von jenseits der Elbe."

Das im ersten Bauabschnitt errichtete stadtseitige Vordergebäude erhielt einen Dachreiter mit Schlaguhr und Glocke, weil die „Stadtklocke" nur bei Ostwind gehört werden konnte. Das Türmchen war eine offene Laterne mit einer geschweiften Haube und höher als das heutige. Auf einer alten Darstellung ist ein Hebel mit einem Seilzug zu erkennen. Damit wurde die Glocke bei Hinrichtungen als *Armesünderglocke* geläutet.

Das Zuchthaus hat sich *von der Erziehungsanstalt für Verwahrloste zur Strafanstalt für Verbrecher* gewandelt. Hier wurden außer Freiheitsstrafen *auch Todesstrafen* vollzogen, zuletzt im Jahre 1868 an Timm Thode, dem achtfachen Mörder seiner Eltern, Geschwister und des Dienstmädchens auf dem Hof der Familie in Großkampen.

Im 19. Jahrhundert war Glückstadt landesweit bekannt als Ort der Strafanstalten. Zum „Alten Zuchthaus" Am Rethövel 9 waren hinzugekommen das Frauenzuchthaus im vorher von Bechtolsheimschen Haus Am Rethövel 12 und das „Neue Zuchthaus" im ehemaligen Gießhaus Königstraße 41. Wenn irgendjemand im Lande durch unangepaßtes Verhalten auffiel, warnte man ihn: „Paß op, du kummst na Glückstadt!" — Und von einem, der hier seine Zeit abgesessen hatte, sagte man: „He hett in Glückstadt studeert."

Zwei Wohnhäuser rechts neben dem Zuchthaus „No. 62 und 63 im I. Quartier sind bey der Sturmflut vom 4ten auf den 5ten Feb. 1825 *weggespült und nicht wieder aufgebaut.*" Die einstöckigen Häuser an der Neutorstraße links neben dem Zuchthaus waren die *Dienstwohnungen der Zuchthausvögte.* Am Ende der Reihe erkennt man an dem Dachvorsprung, der den Posten Wetterschutz bieten sollte, die frühere *Neutorwache* (Abb. 19).

Abb. 19   Neutor, anglegt 1654, Frontseite

Eine *letzte Phase des Strukturwandels* auf dem Rethövel leitete der Glückstädter Reeder und Kaufmann Löhmann in der zweiten Hälfte des vorigen Jahrhunderts ein, als er in der alten Admiralität eine Zichorienfabrik und eine Zigarrenfabrik einrichtete. Die ursprünglich vorwiegend von der führenden Gesellschaftsschicht bewohnte Uferstraße mit ihren Palais und vornehmen Gärten wurde *Gewerbe- und Industriegebiet,* wo außer den Löhmannschen Fabriken eine Rohrmattenweberei — von den Glückstädtern Rethfabrik genannt —, eine Dampfziegelei, eine Zuckerfabrik und eine Holzsägerei entstanden. Diese Industrieunternehmen sind wieder vergangen. An ihre Stelle ist der Betrieb der *Papierfabrik und Lintersbleicherei* von Temming getreten. Als Wahrzeichen ragt am Binnenhafen der erneuerte „Temmingkran" empor. Das Schild seiner Herstellerfirma erinnert an eine Epoche der deutschen Geschichte: „VEB Baumechanisierung Barleben, Deutsche Demokratische Republik, Tragf. 6,3 t, Bauj. 1985". VEB hieß Volkseigener Betrieb.

Zwei weitere wichtige Glückstädter Unternehmen sind am Rethövel angesiedelt, die Bootswerft Baars und die Yachtsegelmacherei Hinsch und Ruhland, die unter anderem die Segel der „Gorch Fock" hergestellt hat und instandhält.

Kunterschappen gahn

So nannte man noch Anfang unseres Jahrhunderts in Glückstadt das Spazierengehen. Kunterschap ist das *plattdeutsch assimilierte Wort Contreescarpe,* ein festungstechnischer Fachausdruck. Er bezeichnet die *Außenböschung des Festungsgrabens.* Auf ihr führte hinter einer Erdanschüttung der *gedeckte Weg* als vorderste Stellung rings um die Festung. Von hier aus konnten Schützen das ins Vorland abflachende Glacis bestreichen. In Glückstadt gab es einen Sonderfall: Die Contreescarpe der Nordfront lag im Vorland und wurde häufig überflutet und beschädigt. Als Deich diente gleichzeitig der weiter rückwärts gelegene Festungswall. Bei der Modernisierung der Festungsanlagen ab 1743 *baute der Ingenieur-Obrist von Ötken die Contreescarpe zum Elbdeich aus.* So entstand die Kunterschap. Als 1814/16 die Festungswerke eingeebnet wurden, blieb sie *als Norderfestungsdeich* erhalten. Dort *ging man kunterschappen.* Dieser Ausdruck wurde verallgemeinert, so daß man in Glückstadt schließlich jeden Spaziergang Kunterschappengahn nannte. Leider ist mit dem allgemeinen Rückgang der plattdeutschen Sprache, dem allmählichen Versickern der Überlieferungen und dem zunehmenden Verblassen heimatkundlichen Wissens diese Glückstädter Spracheigentümlichkeit so gut wie völlig verlorengegangen. Franz Michaelsen hat sich noch Mühe gegeben, seinen Schülern im Unterricht außerhalb des offiziellen Lehrplanes und seinen Mitbürgern mit einem Artikel in der guten alten Glückstädter Fortuna vom 31. Mai 1952 die Kunterschap und das Kunterschappengahn ans Herz zu legen.

Hinter der Kunterschap verläuft parallel ein *Teilstück des ehemaligen Hauptgrabens* der Festung, der „*Holtenborn*". Das ist eigentlich die Bezeichnung der *hölzernen unterirdischen Zuleitung* aus dem Priel im Vorland unter dem Deich hindurch, ursprünglich zur Speisung der gesamten „wundersamen selbstthätigen Wasseranstalt" der Festungsgräben und Flethe und von 1891 bis 1935 der Versorgung der Stadt mit filtriertem Elbwasser. Wie beim Batardeau ist auch beim Holtenborn der Name der wasserbautechnischen Einrichtung auf das daran anschließende Gewässer übergegangen.

Die Filterbecken der *Elbwasserversorgung* hat man zum Fortuna-Bad ausgebaut, und den *entstellten Wasserturm* als Gaststätte eingerichtet. Deren zeitweiliger Name „Zitadelle" hat mit Glückstadts Festungsgeschichte nichts zu tun. Eine Zitadelle hat es hier nie gegeben.

Der Holtenborn mündet in die *Weißkuhle,* die auch wie der *Burggraben* jenseits der Straße vom Hauptgraben übrigblieb. Der ehemalige Wasserturm steht auf einem Rest der *Bastion Königin,* dem ursprünglichen *Königsbollwerk,* das auch „*Die Hohe Katze*" geheißen hat. Nach der Schleifung der Festungswerke erhielt der Hügel, die höchste der drei Bodenerhebungen im Stadtgebiet, den poetischen Namen *Venusberg,* warum, weiß man nicht genau. Später war ein Keller hineingegraben, in dem Eis gelagert wurde, das die im Winter arbeitslosen Maurer und Zimmerleute vom Burggraben her mit Eissägen, Eisäxten und Haken eingebracht hatten. Diese Tätigkeit nannte man „eisen". Der Hügel bekam den prosaischen Namen *Eiskellerberg.* Das darin verwahrte Eis kauften in der warmen Jahreszeit Gastwirte, Schlachter, Brauer, Milchhändler, Konditoren und auch private Kühlschrankbesitzer. Um 1900 war der Gastwirt Minck Pächter der Eisnutzung. Daher hieß der Teich Mincks Burggraben. Von seinem Nordufer geht der weitgehend erhaltene *Vorgraben* aus. Dessen Strecke bis an die Itzehoer Straße nennt man das Grab, die anschließende den Festungsgraben.

Die Städtischen Anlagen

Nach der *Demolierung der Festungswerke* 1814–1816 stellte *Stadtpräsident Johann Ernst Seidel* (geb. 1765, gest. 1832, im Amt 1812–1832) fest, die Stadt böte nun einen öden Anblick, denn im Vorfeld der Festung seien schon während der Belagerung alle Bäume beseitigt und nun bei der Einebnung der Fortifikationen auch noch der gesamte in diesem Bereich befindliche Bestand gefällt worden. Die Bürger hätten keinen schattigen Spaziergang und die ganze Stadt keinen Windschutz mehr. Auf seine Bitte *schenkte daher König Friedrich VI.* (reg. 1808–1839) der Stadt das Glacis, das Ravelin und die Festungsgräben vor dem einstigen Kremper Tor im Bereich der ehemaligen Bastionen Kronprinz und Kronprinzessin, damit dort Bäume und Sträucher gepflanzt und Spazierwege eingerichtet werden könnten. Auch die erste Bepflanzung wurde aus königlichen Gehegen und Baumschulen kostenlos zur Verfügung gestellt. An den Schöpfer der in drei Phasen geschaffenen Anlagen erinnert der *Denkstein* am Fuße der *Wilhelminenhöhe,* des Rests der *ehemaligen Bastion Kronprinzessin,* mit der Inschrift „J. E. Seidel / Die dankbaren Einwohner Glückstadts."

Die erste Phase begann 1818 mit der Pflanzung der Ulmenallee an der jetzigen Itzehoer Straße entlang. Sie ist bereits um 1960 dem *Ulmensterben* zum Opfer gefallen. Die erste geschlossene Bepflanzung reichte dann von der Wilhelminenhöhe und dem von deren Fuß in NW-Richtung verlaufenden großen Querweg bis an den nordwestlichen Anlagenteich und dessen Verbindungskanal mit dem in diesem Bereich „Grab" genannten äußeren Festungsgraben. Weiter nach NW wurde zunächst nur ein baumbestandener Rundweg um die *Friedrichshöhe,* einen Rest der *Bastion Kronprinz,* angelegt.

An den neugeschaffenen Anlagen, die sie auch den *Irrgarten* nannten, hingen Glückstadts Bürger mit Liebe und Stolz. Seidels Anregung, einen Fonds zur Unterhaltung, Erweiterung und Verschönerung der Anlagen zu bilden, fand lebhafte und wirksame Zustimmung. Einzelne wohlhabende Mitbürger brachten sogar recht *umfangreiche Stiftungen* auf. Der Apotheker Strube z. B. beschaffte auf seine Kosten ein 50 Arten umfassendes Sortiment an Baum-, Strauch- und Staudenpflanzen. Mit dem Heranwachsen der Bäume wurde der Bestand immer wieder durchgeforstet und gelichtet und das angefallene Holz zu Gunsten des Anlagen-Fonds verkauft.

In der *zweiten Phase* gegen Ende des 19. Jahrhunderts erweiterte man die Anlagen wesentlich durch den *Ausbau der NW-Hälfte*. Ein *Färberkuhle* genannter Abschnitt des einstigen Hauptgrabens wurde zugeschüttet und mit Erlen bepflanzt. Am Rande der Erlenschonung entlang entstand eine Anpflanzung von Zierstauden, wobei darauf geachtet wurde, daß während der Vegetationsperiode von Frühling bis Herbst stets welche in Blüte standen. Parallel zum „Grab" wurde eine Allee aus Ahorn und Linden angelegt und der Raum dazwischen als von Spazierwegen durchzogene Rasenfläche mit Gebüschgruppen gestaltet. Die damals in die Nähe des NW-Ausganges gesetzte Gruppe Schwarzpappeln ist schon wieder verschwunden.

Mit der *dritten, von Bürgermeister Wilhelm Schinkel* (im Amt 1925–1933) in Angriff genommenen Phase vollendete er die Schöpfung der Städtischen Anlagen 1927. Der *Harburger Gartenarchitekt Hoff,* ein gebürtiger Glückstädter, schuf den Entwurf für die Gestaltung der restlichen Fläche der Südosthälfte zwischen dem großen Querweg, dem Verbindungskanal und dem äußeren Festungsgraben: Eine Kastanienallee begleitet das Festungsgrabenufer und umschließt eine von einer Birkenallee durchquerte Wiese, in deren Randzone Fichten-, Lärchen- und Pappelgruppen sowie ein Rosarium und ein Rhododendronbeet eingegliedert sind.

Der endgültige Ausbau in der dritten Phase hat die gartenkünstlerische Umgestaltung des Gesamtbereiches der ehemaligen nordöstlichen Landfront der Festung abgeschlossen. Nach 109 Jahren war damit ein von mehreren Generationen Glückstädter Bürger aller Schichten einmütig erwünschtes und engagiert gefördertes Kulturwerk zum Ziele gebracht.

Reste von Festungswerken in den Anlagen

Die nordöstliche Landfront ist einst *strategische Zentralfront* und *baukünstlerische Hauptansicht* der Festung Glückstadt gewesen. Baumpflanzungen, Sträucher, Grünflächen und Spazierwege bedecken nun ihr einstiges Glacis, das Kremper-Tor-Ravelin, die abgetragenen Facen und Flanken ihrer beiden Bastionen Kronprinz und Kronprinzessin sowie die zugeschütteten Flächen des Hauptgrabens. Erkennbare verbliebene Reste der Fortifikation sind der die Anlagen ganz umschließende äußere Festungsgraben (= Vorgraben, Avant-Fossé). Seine nördliche Hälfte wird „das Grab" genannt. Die beiden Anlagenteiche und das Feuchtgebiet der Erlenpflanzung (sog. Färberkuhle) sind Überbleibsel des Hauptgrabens und die beiden Hügel Wilhelminenhöhe beim Bahnhof und Friedrichshöhe nahe beim Eisenbahnausbesserungswerk sind von den Bastionen Kronprinzessin und Kronprinz übriggeblieben. Mit den Städtischen Anlagen sind nicht nur diese *bedeutenden Spuren der Geschichte Glückstadts als Festung* erhalten geblieben. Auch ein *übergangsloses Auswachsen der Bebauung* aus der Innenstadt heraus über die ehemalige Umwallung hinweg wurde durch die Anlagen *blockiert*. Dadurch blieb die *präzise Konturabgrenzung der polygonalen Radialstadt* erhalten, ein ganz wesentliches Moment für die Erhaltung der städtebaulichen Gestalt des Stadtdenkmals.

Denkmäler in den Anlagen und ein schon wieder verschwundener Aussichtsturm

Außer dem *Seidel-Denkmal* am Fuß der Wilhelminenhöhe findet man in den Anlagen in der Nordwesthälfte noch das *Kugeldenkmal*. Auf Anregung von Prof. Dr. D. Detlefsen ist es zum *Andenken an die Belagerung und schwere Beschießung der Stadt und Festung* im Dezember/Januar 1813/ 14 errichtet worden. Souvenierjäger haben leider im Laufe der Zeit die meisten der am und auf dem Denkmal aufgetürmten, in der Stadt gefundenen Vollkugeln, Bomben und Granaten gestohlen.

Dem Kugeldenkmal gegenüber steht die *„Zentenareiche"* mit Gedenkstein zur Erinnerung an die Jahrhundertfeier der Befreiung Deutschlands von der Herrschaft Napoleons. Für die Glückstädter hat diese Gedenkstätte eigentlich zwiespältigen Charakter. Waren sie inzwischen auch zu guten Preußen erzogen worden, so waren es doch die *Gegner Napoleons*, die ihre Stadt 1813/14 als einzige in der gesamten dänischen Monarchie verwüstet hatten.

Noch weiter in Nordwestrichtung findet man die *„Doppeleiche".* Zwei für sich aus dem Boden kommende Einzelstämme sind zu einem Stamm verwachsen, ein *Sinnbild für die Einheit der beiden Herzogtümer Schleswig und Holstein.* „Teures Land du Doppeleiche unter einer Krone Dach", singen die Schleswig-Holsteiner manchmal noch im „Schleswig-Holstein-Lied", wenn ihnen feierlich zumute ist. Der Gedenkstein an der Doppeleiche trägt die Jahreszahlen 1848: Schleswig-Holsteinische Erhebung und 1898: 50-Jahrfeier und das Kernwort des Vertrages von Ripen 1460 „Up ewig ungedeelt", mit dem der König von Dänemark die Einheit der Herzogtümer beschworen hatte. Auf der *Friedrichshöhe* stand noch bis in die 1950er Jahre der *Aussichtsturm*. Schon um 1930 war das Besteigen wegen Einsturzgefahr nicht mehr erlaubt. So hat ihn 1906 Prof. Detlefsen beschrieben: „Eine letzte, bedeutende Zier verdanken die Anlagen seit zwei Jahren einem in Washington, Nord-Amerika, wohnenden Sohne der Stadt, Herrn *A. Schmedtje,* der sich schon *wiederholt als Wohltäter der Stadt* erwies. Sie besteht in einem schmucken, schlanken, vierseitigen Aussichtsturm und einem Wärterhäuschen auf der Höhe der alten Bastion Kronprinz. Er überragt die ihn umgebenden Bäume wie auch den Wasserturm auf dem Eiskellerberge (frühere Bastion Königin), so daß er von seinen Balkonen aus eine noch weitere Aussicht als dieser bietet, zugleich aber die Stadt selbst von oben aus der Vogelperspektive überschaut."

Gartenkunst und ihre Probleme mit dem Marschboden

Der gartenkünstlerische Stil des *Englischen Gartens* ist bei der Schaffung der Städt. Anlagen in allen drei Phasen durchgehalten worden, so daß die einzelnen Abschnitte sich ohne Bruch zusammenfügen. Indem sie die Glückstädter Anlagen schufen, haben Stadtpräsident Seidel, König Friedrich VI. von Dänemark und die engagierten Bürger ihrer Zeit im 19. Jahrhundert ein frühes Beispiel gegeben: Unsere Anlagen dürften *einer der ersten Volksparks in Europa* sein, die *auf ehemaligen Festungswerken angelegt* wurden. Ungewöhnlich sind sie wegen ihres ausgedehnten *waldartig geschlossenen Baumbestandes auf Marschboden.* In dem nassen Grund können die meisten Laubbaumarten ihr Wurzelwerk nicht artgemäß tiefgreifend, sondern nur flachgehend ausbilden. In die Tiefe strebende Herzwurzeln verfaulen. Daher wurden mit zunehmenden Alter mehr und mehr Bäume von Stürmen umgeworfen. Wegen der an sich naturwidrigen Voraussetzungen sind hier ständig in sehr starkem Maße gärtnerische Pflegemaßnahmen erforderlich. Die besonderen geschichtlichen, gartenkünstlerischen und biologischen Merkmale machen die Städtischen Anlagen in ihrer Gesamtheit zu einem hochrangigen Kulturdenkmal.

Das Lübsche Recht vor Glückstadt

Durch seine Gründungsurkunde vom 22. März 1617 verlieh König Christian IV. seiner „neuen Stadt, der Glückstadt, und derselben Einwohnern so weit sich derselben District etwa Unserm gnädigsten Andeuten nach erstrecken wird, alle Rechte, Freyheiten und Gewohnheiten, welche Unsere Stadt und Weichbildt zu Wilster je und allewege *nach Lübischem oder Hamburgischem Rechte* gebrauchet."

Aus militärischen Gründen wies der König seiner neuen Stadt außerhalb der Festungswerke noch den *Kernwirkungsbereich der Festungsgeschütze und das Gefechtsfeld im Belagerungsfalle* als Vorfeld zu. Eine grundsätzliche Unterstellung dieser etwa 500 bis 750 Meter tiefen Zone unter die *Befehlsgewalt des Gouverneurs der Festung* war erforderlich. Damit unterstand dies ländliche Gebiet vor dem Tore *auch der städtischen Hoheit* und wurde *das Lübsche Recht genannt.* Um diese Bezeichnung nicht ganz und gar in Vergessenheit geraten zu lassen, erhielt eine hier angelegte neue Straße den Namen „Im Lübschen Recht". Jedoch nur auf seinem eigenen Territorium konnte der König seiner Stadt einen Bereich außerhalb der Wälle zuschlagen. Im Süden hingegen reichte zur Zeit der Stadtgründung das Staatsgebiet der Grafschaft Schauenburg-Pinneberg noch nahe an die Festung heran, so daß sich hier das historische Weichbild nicht über eine ländliche Zone erstreckt.

Die „Topographie der Herzogthümer Holstein und Lauenburg..." 1856 von J. v. Schröder und H. Biernatzki beschreibt die Glückstädter Vorstadt so: „Lübsches Recht, ein District im Norden der Stadt, Kirchspiel und Schuldistrict Glückstadt. – Dieser District zieht sich vom Elbdeiche bis zum Cremper Rhin und wird von der Blomeschen Wildniß durch die Auswettern, einen Abzugsgraben vom Rhin bis zum Cremper Steindamm, dem Bolritt und einem Scheidegraben ohne Namen, der bis an den Elbdeich führt, begrenzt. Einzelne Theile heißen: am Cremper-Rhin, Holländergang, am Steindamm (später An der Chaussee, jetzt Itzehoer Straße), hinterm Kirchhof (jetzt Janssenweg), Stammers Hof (nicht geklärt: in Vergessenheit geraten) und am Neuendeich. Es sind hier keine Höfe, sondern nur *kleine Landstellen* von resp. 1 bis 10 Mg., mehrere Kathen mit Kohlhöfen und ein dicht vor der Stadt belegenes größeres Wohnhaus mit Garten, zus. 44 Häuser. – Volkszahl 1855: 280. – Areal 72 Mg. Marschland."

Das Lübsche Recht ist *Teil des Gemüseanbaugebietes* der beiden Wildnisse um Glückstadt. Auf leichtem = „fieligem" Marschboden sind die
sehr intensiv bewirtschafteten, ursprünglich ein bis zehn ha großen
Landstellen angesiedelt. „Die Käthner werden in dieser Gegend *Köhlker*
(sprich plattdeutsch „Körger") genannt". Nach Berichten aus der Zeit
um 1850 bauten sie „nur Gemüse, namentlich Kartoffeln, Kohl, Zwie-
beln, rote und gelbe Wurzeln, Runkelrüben, Sellerie, Porree und Gur-
ken an." Ursprünglich bearbeiteten die Köhlker ihre Äcker *überwiegend
von Hand mit eigener Körperkraft.* Das Land gruben sie mit dem schmalen, Schüffel genannten Spaten um. Hackpflug, Egge und Ackerwalze
zogen sie und ihre Frauen selbst. Den Beginn der Frühjahrsbestellung
nannten sie „in de Schüffel gahn". Stets waren sie *Neuerungen gegenüber
besonders aufgeschlossen.* Von 1890 an führten sie auf ihren Äckern *Feld-
bahnen als Transportmittel* ein. Sie legten *Mistbeete* unter Glas an *zur
Anzucht der Pflanzen.* Ein besonderer Fortschritt war die Einrichtung
von Kulturen in *kalten und warmen (= geheizten) Treibhäusern.* Auch nahmen sie *neue Arten und Sorten* in ihre Produktionsprogramme auf. Auf
der Grundlage der Erfahrungen des Gemüseanbaus im Glückstädter
Gebiet richteten der Kreis Steinburg und die Landwirtschaftskammer
der Provinz Schleswig-Holstein 1931 die *Gemüsebauschule* Am Kom-
mandantengraben ein als Lehranstalt und Erprobungsstätte.

Berühmt geworden ist der *Köhlker Johann Krohn* aus dem Lübschen
Recht. Sein Haus steht noch am Kleinen Janssenweg 5. Nach hiesiger
Überlieferung hat er die *„Krohnschen Glückstädter Frühkartoffeln"* eingeführt, die in der ersten Hälfte des 20. Jahrhunderts zusammen mit den
Glückstädter Matjes den *kulinarischen Ruhm* dieser Stadt begründet
haben. Nach Wilhelm Ehlers' Geschichte des Kirchspiels und der Herrschaft Herzhorn hingegen wurden „die Krohnschen" nach ihrem *ersten
Anbauer in Kehdingen* benannt. Johann Krohns Geldkiste steht im Detlefsenmuseum.

Für moderne, *industriemäßige Arbeitsweisen* reicht die altüberlieferte
Betriebsgröße von durchschnittlich 3,5 ha nicht mehr aus. Heutzutage
muß ein Gemüseanbaubetrieb mindestens *elf bis zwölf Hektar* groß sein,
um wirtschaftlich geführt werden zu können. Im Lübschen Recht stehen nur noch wenige Gemüseanbauflächen in Kultur. Das Gesamtareal
ist ab etwa 1900 in mehreren Schüben fast vollständig mit Wohnhäusern bebaut worden. Noch *sieben rethgedeckte Köhlkerhäuser* stehen auf
altem Glückstädter Boden: zwei an der Itzehoer Straße, eins am

Kleinen Janssenweg, eins an der Steinburgstraße und drei am Kremper Rhin. Sie alle sind *nach der Belagerung Glückstadts 1813/14 neu errichtet* worden, denn um den Feinden keine Deckung und Unterkunft zu bieten, ließ der Festungskommandant das *Vorfeld „rasieren"*. Versuche, die Häuser im Lübschen Recht und vor dem Neutor in Brand zu schießen, waren nur zum Teil erfolgreich. Daher machten 330 Mann Infanterie und 20 Reiter am 22. Dezember 1813 einen Ausfall, um alle Häuser im Festungsvorfeld anzuzünden und restlos abzubrennen.

Obwohl der Gemüsebauer sich von alters her auch Kätner nennt, entspricht sein Haus nicht der allgemeinen Vorstellung von einer Kate. Es handelt sich vielmehr um einen *eigenen Bauernhaustyp,* ein kleineres aber doch stattliches Fachhallenhaus.

Drei Köhlker aus dem Lübscher Recht sind als *Grönlandfahrer* bekannt. *Jürgen Hartz* (1818–1911), Am Rhin 6 ging 22 Jahre lang auf Walfischfang und Robbenschlag. Er war *Steuermann und Vorsänger* auf dem „Kleinen Heinrich". *Johann Schmidt,* geb. 1764 und seine Nachkommen besaßen die Landstelle am jetzigen Kleinen Janssenweg 5 von 1801 bis 1862. Er selbst war 1800 bis 1807 *Kommandeur der Brigg „Prinz Carl"* und 1815 *Kommandeur der Brigg „Kronprinz Friedrich".* Mit der „Prinz Carl" wurde er 1807 auf der Heimreise in der Elbmündung *von einer britischen Fregatte gekapert.* Er beschäftigte in seiner Landwirtschaft einen Mietsmann, der mit in seinem Haus wohnte. *Jacob Branmann* war 1793, 1794 und 1795 *Kommandeur des Grönlandfahrers „Catharina Dorothea".* Er kaufte am 24. August 1795 nach der Rückkehr von seiner letzten Reise „ein hirselbst außerhalb dem Cremper Thor im Lübschen Rechte belegenes Wohnhaus nebst 1 Morgen 15 Ruthen Landes." Seine Landstelle war die letzte auf Glückstädter Gebiet vor den Auswettern, der Grenze zur Blomeschen Wildnis, gegenüber der heutigen Straßeneinmündung Am Bolritt. Er ist 1799 gestorben. Seine Witwe heiratete noch zweimal und besaß das Land und das nach der Zerstörung von 1813 neu erbaute Haus bis 1831.

Im Lübschen Recht liegen auch *Glückstadts Friedhöfe.* Zunächst war der heutige Kirchplatz Friedhof der Lutherischen. 1642 wurde er außen vor die Befestigungslinie verlegt, Detlefsen meinte, wahrscheinlich in den *Bereich der jetzigen Schwaneninsel* in den Anlagen. An seinem jetzigen Platz sei er 1688 angelegt worden wegen des weiteren Ausbaus der Festungswerke durch Ausheben des Vorgrabens und Einrichten der zugehörigen Kontreeskarpe. Dieser Friedhof wird der „*Alte Friedhof*" genannt. Noch jetzt ist er durch den von Südost nach Nordwest verlaufenden Hauptweg in den westlichen, früher *bürgerlichen* und den östlichen ehemaligen *Garnisonfriedhof* geteilt. Bedauerlicherweise ist das *klassizistische Mausoleum* der Generalin von Ohlrogge und ihrer Tochter vor etwa 30 Jahren geschleift worden. Warum eigentlich? Es soll für die Demolierungsarbeiter recht schwierig gewesen sein, mit dem Mauerwerk fertig zu werden. Bei dem Totenhaus in der Mitte des Alten Friedhofs waren *13 historische Grabdenkmale* zusammengestellt, eins aus dem 17., neun aus dem 18. und zwei aus dem Anfang des 19. Jahrhunderts. Sie sind *verschleppt* und auf dem *Neuen Friedhof an der von-Graba-Straße* links vom Eingang aufgestellt worden. Von ihrer geschichtlichen Stätte hat man sie getrennt, ohne daß dafür eine Notwendigkeit vorgelegen hätte.

Den „*Reformierten Friedhof*" legten die drei Glaubensgemeinschaften der „Niederländischen Nation", die Remonstranten, Kontraremonstranten und Mennoniten gemeinsam an. Sie hatten das Stück Land vor dem Kremper Tor zu beiden Seiten des Holländerganges zugewiesen bekommen. Das nicht für den Friedhof verwendete Gelände nutzten sie als Gärten, die sie nach und nach verkauften und die mit Häusern bebaut wurden. Die Kontraremonstranten *überflügelten und verdrängten* die anderen beiden reformierten Gemeinden und erhielten 1744 durch königliche Konzession *allein das Besitzrecht* über den Friedhof und die der Niederländischen Nation zugeteilten Gartenplätze. Zu Beginn des 19. Jahrhunderts hatte die Zahl der Glückstädter Reformierten so weit abgenommen, daß die Stelle ihres 1816 verstorbenen Pastors unbesetzt blieb. 1819 *lösten sie ihre Gemeinde auf.* Ihr Friedhof wurde lutherisch. Die Bezeichnung „Reformierter Friedhof" blieb beibehalten. Grabstätten reformierter Gemeindeglieder sind nicht mehr zu finden. Nur ein *Totenhaus aus dem Jahre 1692* steht noch: ein kleiner Backsteinbau mit Satteldach und rundbogigem hölzernem Tor, zu dessen Seiten je ein kleines Okulusfenster, über der Tormitte ein plastisches Doppelwappen mit Inschrift Anno 1692, darüber in flacher Nische eine *vollplastische Engelsfigur,* die in der rechten Hand eine Krone hält. Im Okober 1993 fand man bei Räumarbeiten auf dem Grundstück Königstraße 30 die *Grabplatte des Stückhauptmanns und Gießers Franciscus Ahasverus Roen.* Er hatte der reformierten Gemeinde angehört. Sein

2,5 t schweres Grabmal ist einst zu einer *Zweitverwendung* als Pfeilerfundament vom Reformierten Friedhof ans *äußerste entgegengesetzte Ende des Stadtgebietes* verbracht worden und befindet sich nun in der Obhut des Detlefsenmuseums im Garten des Brockdorff-Palais. Seit 1702 haben auch die *Katholiken* ihren eigenen Friedhof. Er liegt am jetzt Itzehoer Straße genannten Steindamm an der Abzweigung des Holländerganges dem Reformierten Friedhof gegenüber. Die Geschichte seiner Erwerbung ist besonders interessant, denn daran waren alle in Glückstadt vorhandenen Religionen beteiligt, Juden, Lutheraner, Reformierte und natürlich die Katholiken selbst. Sie begann am 27. Februar 1702. An diesem Tag kaufte „des königlichen Cantzley Rahts und *(Stadt-)Präsidenten Herrn Joachim Schäffers (ev. luth.)* Eheliebste Frau Johanna Schäfferin einen vor dem Cremper Thor auf der Niederländischen Reihe zwischen dem Steindamm und Ciade Meinerts Garten belegenen Garten.“ Sie hatte ihn von dem „Factor Moses Josua Henriques an sich erhandelt.“ Der war *sephardischer = portugisischer Jude.* Diesen Garten kaufte am 4. Juli 1702 Herr Johannes Waßmod, „Pater bey hiesiger catholischen Gemeine“ der Stadtpräsidentengattin wieder ab. Gegen diesen Grundstückskauf *protestierten die Deputierten der Niederländischen Nation* für den Fall, daß beabsichtigt sei, hier *einen katholischen Friedhof* anzulegen. Pater Waßmod argumentierte hiergegen, wenn der Platz von einem Juden hätte erworben werden können, dann doch wohl auch von einem Katholiken. Und wenn bisher Katholiken ohne Ärgernis auf dem reformierten Friedhof hätten beerdigt werden können, warum denn jetzt nicht daneben? Die Niederländer wollten doch wohl nicht lieber ungläubige Juden als Christen zu Nachbarn haben? Der Magistrat trat für die Katholiken ein: Die niederländische Nation hätte nicht wiedersprochen, als aus einem dieser Gärten (Holländergang 6) „ein Schank- und Sauff-Haus gemacht“ worden sei. Wolle man das eher dulden als einen Kirchhof? Mit einem Erlaß vom 9. Dezember 1702 genehmigte König Friedrich IV. die Anlage des katholischen Friedhofes an der Stätte, wo wir ihn noch heute finden. Beerdigt wird dort nicht mehr. Bis auf einzelne noch gepflegte sind die Gräber eingeebnet, auch die von *Kriegstoten,* denen doch *ewiges Ruherecht* zu gewähren ist. Darunter ist auch das eines *französischen Kriegsgefangenen,* der auf dem Rücktransport aus dem Lockstedter Lager in seine Heimat 1871 in Glückstadt starb. Auch sein Grabstein mit der Inschrift „le soldat français enterré 1871“ = der französiche Soldat beer digt 1871, ist nicht mehr vorhanden. Immerhin sind zwei Stelen im 2. Weltkrieg in Glückstädter Lazaretten Verstorbener zusammen mit einigen anderen Grabmalen am Rande des Friedhofes aufgestellt. Als Totenruhestätte und als Denkmal heimatlicher Kulturgeschichte muß der Glückstädter katholische Friedhof unangetastet bleiben.

An der Pentzstraße liegt knapp außerhalb der ehemaligen Festungswerke der *jüdische Friedhof.* König Christian IV. hat ihn der Gemeinde zugewiesen. Er ist nach *portugiesischer Sitte* angelegt worden. Die Steine bedeckten die Gräber, um die Erde, in der die Toten ruhen, vor Verunreinigungen zu schützen. Die älteste sichtbare Grabplatte ist aus dem Jahr 5384 jüdischer Zeitrechnung = 1624 nach Christi Geb.

Gegen Ende des 19. Jahrhunderts lebten nur noch wenige Juden in Glückstadt. Sie konnten ihre Gemeinde nicht mehr aufrecht erhalten und verkauften der Stadt Glückstadt daher 1895 ihre schon lange baufällige Synagoge Königstraße 6 zum Abbruch. Gemäß Kaufvertrag übernahm die Stadt die *Verpflichtung, den jüdischen Friedhof instandzuhalten.*

Nachdem die Stadt Glückstadt ihn etwa drei Jahrzehnte in ihrer Obhut gehabt hatte, hat A. Cassuto den jüdischen Friedhof untersucht und darüber im Jahrbuch der jüdischen Gemeinden Schleswig-Holsteins und der Hansestädte Nr. 2, 1930/31 berichtet: „Der Friedhof, der im Laufe der Zeiten mehrfach erweitert wurde, ist leider *nicht mehr in seiner ehemaligen Größe völlig erhalten.* Wohl nur ein Viertel ist noch vorhanden. Wie mir vom Friehofswärter erzählt wurde, reichte der Friedhof vor ca. 30 Jahren (um 1900) bis *in die Mitte der (Pentz-) Straße* einerseits und bedeckte ein Terrain, das heute *teilweise mit einer Wirtschaft* (früher „Zur Hoffnung") bebaut worden ist. Auch war der Friedhof noch vor 30 Jahren von einem *Graben (Festungs-Vorgraben) umgeben,* den man damals ebenfalls zuwarf. (Er wurde in den 1920er Jahren mit Schutt und Müll verfüllt.) Auf dem Friedhof selbst sehen wir heute nicht mehr viele Grabsteine. Die Steine von *Portugiesen und deutschen Juden liegen durcheinander,* was ehemals nicht der Fall gewesen sein kann und sich nur dadurch erklärt, daß die Behörde (Stadt Glückstadt), als sie den Friedhof mit dem Kaufgeld der Synagoge renovierte und gleichzeitig verkleinerte, die Grabsteine nach der Größe ordnen ließ. Ich habe selbst feststellen können, daß viele *Grabsteine noch unter der Erde* liegen, und es wäre sicher hochinteressant, diese auszugraben, um die

124

Namen der Toten festzustellen. Es dürften dieses vielleicht 20–30 alte portugiesische Grabsteine von ca. 1620–60 sein, da noch manche Portugiesen aus Hamburg und Glückstadt, deren Grabstätten bis heute unbekannt sind, hier beerdigt sein müssen. Es wurden damals vor 30 Jahren (um 1900) nur die Steine gehoben, die auf dem Teil des Friedhofsgebietes lagen, welcher später verkauft bzw. zur Straße umgebaut wurde, während die Grabsteine auf dem jetzigen Gebiete ungehoben blieben oder aber von den von außerhalb gebrachten Steinen verdeckt wurden. Nun habe ich mich danach erkundigt, ob man um 1900, als der Friedhof verkleinert und renoviert wurde, auch die Leichenteile ausgegraben hat und sie unter den Steinen, unter welchen sie ehemals lagen, bestattete. Doch scheint dieses nicht der Fall gewesen zu sein, da ich feststellen konnte, daß einzelne große Steine auf einem anderen Grabstein ruhen. Es wäre eine dankenswerte und zugleich ehrenvolle Aufgabe für den „Verband der jüdischen Gemeinden Schleswig-Holsteins", wenn es ihm glücken sollte, die Verwaltung des Friedhofes in eigene Hände zu nehmen, da der Friedhof jüdischer Besitz und kein Staatseigentum ist, und durch Grabungen die mit Erde bedeckten Grabsteine bloßlegen und sodann auf den benachbarten Grundstücken, die ehemals zum Friedhof gehörten, gleichfalls Grabungen anstellen würde, um die eventuell noch dort ruhenden Leichenteile zu exhumieren und auf den Friedhof zu bringen."

Die von Cassuto angeregten Nachforschungen sind nicht durchgeführt worden. Sehr sensibel ist die Stadt Glückstadt von Anfang an nicht mit dem jüdischen Friedhof umgegangen, nachdem sie ihn in ihre Obhut genommen hatte. Die teilweise Verwendung für den Straßenbau und der Verkauf eines Teilbereiches an den Gastwirt der „Hoffnung", der seine Kegelbahn auf den Gräbern errichtete, sind äußerst unrühmlich. Das pietätlose Umräumen der Grabsteine ist eher auf Naivität zurückzuführen. Die Einrichtung einer *Mülldeponie zur wahrscheinlich überflüssigen Verfüllung* des Festungsgrabens um den Friedhof herum bleibt ein *Bodendenkmal unkultivierter Gesinnung*. Der *Gipfel der Barbarei* wurde in der *Nazizeit* erreicht. Nachdem die Stadt zunächst auch unter dem Naziregime ihrer vertraglichen Pflicht zur Instandhaltung des Judenfriedhofes nachgekommen war, richtete sie in der Kriegszeit auf den Gräbern eine *Bezirksabgabestelle (BAS) für Obst und Gemüse* ein. Dazu wurden die Grabsteine beseitegeräumt, der Friedhof planiert und mit einer Oberflächendecke versehen. Nach dem Krieg ist die Fläche wieder gärtnerisch hergerichtet worden. *89 Grabplatten* sind im vorderen Bereich ziemlich eng beieinander ausgelegt worden. Elf *Stelen der deutschen Juden* aus dem 19. und 20. Jahrhundert sind am linken Rand aufgestellt.

M. Grunwald, Portugiesengräber auf deutscher Erde in Beiträge zur Kultur- und Kunstgeschichte, stellte schon 1902 fest: „Da die Gräber der *portugiesischen und der deutschen Juden hier bunt durcheinander liegen*(!), ist zwischen beiden schwer zu scheiden." Ordnende deutsche Hände hatten bereits ihr Werk getan. Er nennt folgende 17 Bilddarstellungen auf den Steinen: Priesterhände; Krug der Leviten; gebrochener Baum; fallender Zweig; Mose, den Felsen schlagend, hinter ihm das Lager; Eva und die Schlange; Sternbilder Fische; Schütze (Pfeil und Bogen); Waage; Widder; Hand mit Säbel (Fam. Sabel); Stiefel (Fam. Stiebel); Engel; Totenkopf; Totenkopf nebst Stundenglas; Rindskopf (Wappen der Fam. Rindskopf); Turm und Hand, darüber „Castrum et fortitudo ma Deus", rechts und links je ein Füllhorn. An *Familiennamen der Toten* fand er auf den Steinen die von *32 portugiesischen und 25 deutschen Juden.*

Erklärung historisch bedeutsamer Straßennamen

Alfred-Huth-Weg: Alfred Huth, 1892–1971, Kantor in Glückstadt, Komponist.

Am Batardeau: Batardeau = Stauwerk zum Regulieren des Wasserstandes in den Festungsgräben.

Am Bolritt: Bole = Kirchspiel, bekannt ab 1237, untergegangen um 1400. Ritt = Natürlicher Marschenwasserlauf.

Am Proviantgraben: Proviantgraben = Zugeschüttete Teilstrecke der „wundersamen, selbstthätigen Wasseranstalt" neben dem Provianthaus. (Anm.: Nicht Wasserkunst! Dieser Ausdruck bezieht sich nur auf den Batardeau. Die Bezeichnung des gesamten Gewässersystems als Wasserkunst kam irrtümlich aufgrund einer Fehlinterpretation der Quellen zustande.)

Am Rethövel: Rethövel = Mit Reth bewachsener Hügel, vor der Eindeichung Insel im Rhin – Splethe – Mündungsgebiet.

Anckenstraße: Wichboldt von Ancken, 1574–1629, erster Bürgermeister von Glückstadt.

Andreas-Koch-Straße: Andreas Koch gründete 1632 die Buchdruckerei Augustin.

Baldergang: „Balder" = Name eines Glückstädter Motorloggers.

Ballhausstraße: Hier stand im 18. Jahrhundert das Ballhaus. Man spielte hier jeu de paume, ein Ballspiel.

Besantwiete: Besan = Gaffelsegel am hinteren Mast. Twiete = Verbindungsweg zwischen zwei Straßen.

Bgm.-Schinkel-Straße: Wilhelm Schinkel, 1874–1958, Bürgermeister von 1925 bis 1933.

127

Bohnstraße:	Hermann Bohn, geb. 1873 in Glückstadt, gest. 1931 in Austin/Texas, Wohltäter seiner Heimatstadt.
Bolehörn:	Bole = Neuer Stadtteil im Bereich des im 15. Jahrhundert untergegangenen Kirchspiels Bole. Hörn, niederdeutsch = Ecke, Winkel.
Bracke:	Deichbruch am 21. September 1697.
Carl-Legien-Straße:	Carl Legien, 1861–1920, seit 1890 Vorsitzender der Gewerkschaften Deutschlands, leitete die Zusammenarbeit zwischen Gewerkschaften und Unternehmern ein.
Christian-IV.-Straße:	Christian IV., 1577–1648, König von Dänemark, Herzog von Holstein, gründete Glückstadt 1617.
Der Keil:	Überlieferte Flurbezeichnung.
Dithmarschenstraße:	Einst lag in der Nähe die Bastion Dithmarschen.
Dänenkamp:	Erinnert an die Dänen. Ihnen ist neben den deutschen Holsteinern, den Holländern und den portugiesischen Juden das Aufblühen Glückstadts im 17. Jahrhundert zu verdanken.
Ernst-Behrens-Weg:	Ernst Behrens, 1878–1970, in Glückstadt geborener niederdeutscher Schriftsteller.
Ewergang:	Ewer = Küstensegler für den Lastverkehr auf der Unterelbe, besonders für den Gemüsetransport aus dem Rhingebiet nach Hamburg.
Friedrich-Carl-Rode-Weg	Dr. Friedrich Carl Rode 1882–1951, Amtsrichter a. D., erforschte die Kriegsgeschichte der Festung Glückstadt.
Friedrich-Ebert-Straße:	Friedrich Ebert, 1871–1925, Reichspräsident des Deutschen Reiches von 1919 bis 1925.
Frijagang:	„Frija" = Name eines Glückstädter Motorloggers.

Fritz-Lau-Platz:	Fritz Lau, 1872–1966, niederdeutscher Dichter, Ehrenbürger der Stadt Glückstadt.
Gaffelweg:	Gaffel = Gabelförmig den Mast umgreifende, schräg nach oben ragende Segelstange.
Gerhart-Hauptmann-Straße:	Gerhart Hauptmann, 1862–1946, deutscher Dichter.
Gorch-Fock-Straße:	Gorch Fock = Dichtername von Johann Kinau, geb. 1880 auf Finkenwärder, gefallen 1916 in der Skagerrakschlacht, „Seefahrt ist not".
Grenzritt:	Ehemaliger Marschenwasserlauf, frühere Grenze zwischen Glückstädter und Borsflether Außendeich.
Grillchaussee:	Führte zur Gastwirtschaft „Zum Grill", abgeleitet vom Namen des Besitzers Samuel Grelk im 18. Jahrhundert.
Grönlandstraße:	Erinnert an die Glückstädter „Grönlandfahrt auf Walfischfang und Robbenschlag" von 1679 bis 1863.
Gr. Danneddelstraße:	Hermann Danneddel, Fuhrmann, siedelte sich hier 1617 an.
Gr. Nübelstraße:	Johann Nübel, Fuhrmann, siedelte sich hier 1618 an.
Hallingstraße:	Dr. Adolph Halling, 1844–1915, Kreisarzt, Bürgermeisterstellvertreter, Heimatgeschichtsforscher, Ehrenbürger der Stadt Glückstadt.
Heimdallgang:	„Heimdall" = Name eines Glückstädter Motorloggers.
Heinrich-Paulsen-Straße:	Heinrich Paulsen, 1898–1974, Städtischer Musikdirektor, Chormeister, Komponist.
Herrendeich:	1561 errichtet durch den Landesherrn Graf von Schauenburg-Pinneberg.

Herrenfeld:	1561 eingedeicht durch den Landesherrn Graf Ernst von Schauenburg-Pinneberg.
Holländergang:	Erschließt das von Christian IV. den Glückstädter Bürgern aus Holland zugewiesene Gelände.
Im Lübschen Recht:	Ursprünglich Bezeichnung des gesamten Stadtgebietes außerhalb der Festungswerke.
Im Neuland:	Hier lag bis zu seinem Untergang Anfang 15. Jahrhundert „dat nyge Land" mit der Stadt Nygenstadt.
Im Pling:	Überlieferte Flurbezeichnung, ursprünglich: eingezäunter Bereich.
Jahnstraße:	Friedrich Ludwig Jahn, 1778–1852, der „Turnvater", Begründer der deutschen Turnerei.
Janssenweg:	Theodor Janssen, Regierungsbaumeister am Wasserbauamt Glückstadt, treibende Kraft bei der Planung und Gründung der Glückstädter Heringsfischerei 1893/94. (Anm.: Der Weg wurde früher Gerichtsweg genannt, denn etwa an der Stelle des jetzigen Seniorenhauses „Tannenhof" befanden sich einst der Galgen und der Schindanger. Die jetzige Namensgebung soll sich wohl eigentlich auf die Geschwister Janssen beziehen, die an der Einmündung des Gerichtsweges in die Straße Am Neuendeich gewohnt haben. Es scheint jedoch nicht mehr nötig zu sein, eine Straße nach zeitweiligen Anliegern zu benennen. Hier ergibt sich nun die Möglichkeit, die Straße einem hochverdienten, in der Stadtgeschichte wirklich bedeutenden Mann zu widmen, an den hier sonst niemand mehr denkt.)
Judenstraße:	Erinnert an „der Juden Nation". Portugiesische Juden schufen die wirtschaftlichen Existenzgrundlagen Glückstadts im 17. Jahrhundert.

Kantstraße:	Immanuel Kant, 1724–1804, Philosoph, einer der größten deutschen Denker. Er lebte und wirkte in Königsberg.
Kaupaunenstraße:	Kapaunen = Kastrierte und gemästete Hähne wurden bei der hier angesiedelten Dienerschaft für die Küche der vorn Am Hafen wohnenden hohen Herrschaften abgeliefert.
Klüverbaum:	= Verlängerung des Bugspriets für den Klüver, das dreieckige Vorsegel.
Königsberger Straße:	Erinnert an Königsberg, die Haupstadt Ostpreußens.
Königskoppel:	Überlieferte Flurbezeichnung.
Königsstraße:	Führte an den hinteren Schloßbereich heran.
Lentzenweg:	Führte im 17. Jahrhundert über die Lentzenbrücke zum Hof von Otto Lenske (Lentzke, Lentz).
Loggergang:	Logger = zweimastige Hochseefischereifahrzeuge, die von 1894 bis 1976 von Glückstadt aus Heringsfang in der Nordsee betrieben.
Marquard-Rantzau-Straße:	Marquard Rantzau, Oberst, Festungskommandant 1628/29, verteidigte Glückstadt gegen die Truppen Wallensteins.
Matjesstieg:	Matjes sind die zu Beginn der Saison im Mai/Juni von den Loggern gefangenen, mildgesalzenen jungfräulichen Heringe.
Max-Kahlke-Weg:	Max Kahlke, 1892–1928, Maler, bedeutendster Glückstädter Künstler des 20. Jahrhunderts.
Molenkiekergang:	Molenkieker = Glückstädter Bürger, meist im Rentenalter, die täglich zur Nordermole wandern.
Münzerstraße:	Erinnert an die vom portugiesischen Juden Albert Dionis 1618 eingerichtete Glückstädter Münzprägestätte.

131

Namenlose Straße:	Zuletzt angelegte Straße, für die sich kein Name mehr fand. (Anm.: Als die Stadt förmlich aus dem Boden gestampft wurde, war es schwierig, für alle Straßen Benennungen zu finden. Man behalf sich, indem man fast jeden gefundenen Namen zweimal verwendete. Daher gibt es von den meisten Straßen eine große und eine kleine. Als alle Möglichkeiten, Straßennamen zu finden, erschöpft waren, nannte man die letzte die Namenlose, konsequenterweise unterteilt in die große und die kleine; sollte man wieder einführen!)
Neutorstraße:	Führte zum 1653 angelegten Neutor.
Pentzstraße:	Christian Reichsgraf von Pentz, Schwiegersohn Christians IV., Gouverneur der Festung von 1630 bis 1648, verteidigte Glückstadt 1643/45 bravourös gegen die Schweden.
Pödderstieg:	Pöddern = von den Elbfischern betriebene Art des Aalfanges.
Reepschlägertwiete:	Reepschläger stellten das in der Schiffahrt benötigte Tauwerk her. Twiete = Verbindungsweg zwischen zwei Straßen.
Schenckstraße:	Erinnert an die Kaufmannsfamilie Schenck, besonders an den Maler August Schenck, 1828–1901.
Schmiedestraße:	Erinnert an das alte Handwerk.
Seidelstraße:	Johann Ernst Seidel, 1765–1832, Stadtpräsident von 1812–1832, Schöpfer der Anlagen auf dem ehemaligen Festungsterrain.
Sperforkenweg:	Eggert Sperforke, Wasser- und Deichbaumeister, leitete die Eindeichung der Wildnisse 1615/16 und legte 1619 den Hafen an.

Stolpmünder Straße:	Erinnert an die Patenstadt Glückstadts.
Stormarnstraße:	Einst lag hier die Bastion Stormarn.
Temmingstraße:	Peter Gerhard Temming, 1849–1926, gründete in Bühl im Elsaß seine Baumwollbleicherei. 1911 wurde in Glückstadt ein Zweigbetrieb eingerichtet, die heutige Papierfabrik und Lintersbleicherei.
von Drathens Weg:	Führte zum Land, das 1856 durch den Eisenbahnbau vom von Drathenschen Hof abgetrennt wurde. (Anm.: Die neuerdings eingeführte Bezeichnung von-Drathen-Weg ist falsch. Es muß besitzanzeigend heißen: von Drathens Weg.)
von-Graba-Straße:	Hermann von Graba, geb. 1833, Stadtpräsident von 1864 bis 1876.
Walfängerweg:	Erinnert an die Grönlandfahrer von 1679 bis 1863.
Wanda-Oesau-Straße:	Wanda Oesau, 1893–1966, Lehrerin, Heimathistorikerin, Geschichtsschreiberin der Grönlandfahrt.
Wilhelm-Ehlers-Weg:	Wilhelm Ehlers, 1877–1962, Schulrat, bedeutender Heimathistoriker.
Wotangang:	„Wotan" = Name eines Glückstädter Motorloggers.

133

Zeittafel zur Geschichte Glückstadts

1. Zwei untergegangene Orte im Bereich der heutigen Stadt Glückstadt:

1237 Älteste bekannte urkundliche Erwähnung des Kirchspiels Bole, Lage: heutiger Stadtteil Bole.

1354 Gründung einer Pfarrkirche auf dem Nygenland (Neuland) jetzt überbaut mit dem neuen Deich.

1377 Älteste bekannte urkundliche Erwähnung der Stadt Nygenstadt (Neustadt), auch Grevenkrog (Grafenkrug) genannt, auf dem Nygenland.

1402 Nygenstadt kann nicht mehr gehalten werden und wird von den Bewohnern aufgegeben. Das Bauholz ihrer unterspülten Kirche verkaufen sie nach Billwärder bei Hamburg.
Wahrscheinlich um die gleiche Zeit wird auch das Kirchdorf Bole aufgegeben worden sein. Das von der Elbe zurückeroberte Land wird Wüstenei oder Wildnis genannt, daher die Namen der Nachbargemeinden Blomesche- und Engelbrechtsche Wildnis.

2. Vorgeschichte der Gründung Glückstadts:

1588 Christian IV. (1577–1648), König von Dänemark, Herzog von Schleswig und Holstein, besteigt den Thron unter Vormundschaft.

1595 Christian IV. besucht zum ersten Mal Krempe, erkundet von dort aus die Wildnisse zu Wagen und zu Pferde und befaßt sich mit den Plänen zum Ausbau und zur Modernisierung der Festung Krempe.

1598 Beginn umfangreicher Festungsbauarbeiten in Krempe.

1599–1600	Vier Besuche des Königs in Krempe.
1604	Fertigstellung der unter erheblichen Schwierigkeiten und hohem Kostenaufwand durchgeführten Arbeiten zur Modernisierung und Verstärkung der Festung Krempe. Sinn: Sicherung eines vom König nicht bekanntgegebenen Vorhabens im Bereich der Mündung des Rhins am Rande der Wildnisse gegen Angriffe von der Landseite, besonders durch die Hamburger.
1609	Einrichtung eines Schiffszimmerplatzes an der Stör vor Itzehoe und Bau des Orlogschiffes „Makellos", 48 Kanonen, 200 Mann Besatzung. Sinn: Zur Sicherung des weiterhin vom König geheimgehaltenen Vorhabens gegen Angriffe von der Elbe her werden für die gegebenen Verhältnisse speziell geeignete Kriegsschiffe gebraucht. Es ist am praktischsten, sie möglichst nahe am vorgesehenen Einsatzgebiet zu bauen. Das benötigte Bauholz haben die Ämter Segeberg und Rendsburg zu liefern. Es kann bequem auf der Stör transportiert werden.
1615, 12. 3.	bis Ende August Eindeichung der Wildnisse unter Leitung des Deichbaumeisters Eggert Speerforke.
1615, 9. 12.	Sturmflut reißt etwa ein Viertel des Neuendeiches wieder weg.
1616	Im Frühjahr/Sommer erneute Eindeichung der Wildnisse.

3. Gründung Glückstadts:

| 1616 | „ist diese Stadt abgestochen", d.h. der Entwurf der Stadtanlage wurde ins Gelände übertragen. Es handelt sich um einen Plan nach dem Schema der „polygonalen Radialstadt" des Straßburger Festungsbaumeisters Daniel Specklin in seiner Weiterentwicklung durch den |

135

Festungsbaumeister Georg Ginther Kröl. Diesem Plan verdankt die Stadt Glückstadt ihre Anerkennung als Stadtdenkmal, denn als frühneuzeitliche polygonale Radialstadt ist sie einmalig im gesamten deutschen Sprachraum.

1617, 22. 3.	König Christian IV. unterschreibt die Gründungsurkunde. Er verleiht der Stadt den Namen Glückstadt (Legendärer Ausspruch im Hinblick auf die großen Schwierigkeiten: „Dat schall glücken un dat mutt glücken, un darum schall se ok Glückstadt heten!"), das Wappen mit der Glücksgöttin Fortuna und das Lübsche Stadtrecht.
1619/20	Ausbau der Rhinmündung zum Hafen durch Eggert Speerforke. Sicherung der Einfahrt durch ein armiertes Blockhaus auf dem Kopf der Nordermole, das Speerforke „ut sien egen Büdel" bezahlt.
Von 1619 an	ruft Christian IV. Einwanderungswillige nach Glückstadt, besonders wegen ihres Glaubens verfolgte Reformierte aus den Niederlanden und Juden aus Portugal, und gewährt ihnen Glaubensfreiheit, Steuerfreiheit und Bürgerrechte.
1619, 1. 11	Die neuerbaute Stadtkirche am Markt wird geweiht, die erste nach der Reformation als protestantische errichtete im Lande.
1620–1623	Bau der Festungswerke: Wall, Gräben, Bastionen, Ravelins usw.
1621	Das Marktfleth wird angelegt.
1623	Errichtung des Kremper Tors (heute Bahnübergang bei der Post).

4. Glückstadt im Wandel der Zeiten:

1625, 1627, 1628	Schwere Sturmfluten richten in der Stadt, an den Festungswerken und im Umland schlimme Schäden an.

1627/28	Erfolglose Belagerung der Festung Glückstadt durch Truppen Wallensteins (30jähr. Krieg).
1628	Christian IV. läßt von an Glückstadt vorbeisegelnden Schiffen Zoll erheben: Beginn jahrelanger Auseinandersetzungen mit Hamburg.
1629	Friede zu Lübeck: Christian IV. scheidet aus dem 30jährigen Krieg aus („Den Krieg habe ich verloren, aber den Frieden gewonnen". — Ausspruch wegen der äußerst günstigen Bedingungen.)
1630 im März	Überraschungsangriff der Hamburger auf den Glückstädter Hafen, Wegnahme des hier aufliegenden Geschwaders, daraufhin
1630 im Sept.	mehrtägige Seeschlacht zwischen der aus der Ostsee angerückten dänischen und der Hamburger Kriegsflotte auf der Unterelbe von Otterndorf bis Stadersand, Eroberung des am Kirchturm angebrachten Ankers (angeblich vom Flaggschiff der Hamburger).
1631	Das königliche Schloß „Glücksburg" am Hafen fertiggestellt (Platz des heutigen Zollamts und der beiden Nachbarhäuser). Das heutige Brockdorff-Palais Am Fleth 43 fertiggestellt als Sitz des Gouverneurs Graf Christian von Pentz, Patenkind und Schwiegersohn König Christians IV.
1632	Gründung der heute noch bestehenden Buchdruckerei Augustin, Am Fleth 36/37.
1634	Verheerende Sturmflut: „De tweete grote Manndränke" (Das zweite große Menschenertrinken), Wasser zehn Fuß hoch in der Marsch, Schiff von 130 Last auf dem Kirchplatz gestrandet.
1636	Das Kastell, ein Geschützturm auf der Südermole erbaut.

1641	Einrichtung eines Gießhauses zur Herstellung von bronzenen Kanonenrohren, Glocken, Gedenktafeln u.ä. Der Meister des Gießhauses (jetzt Buchdruckerei Rautenberg, Königstraße 42) Stückhauptmann Franciscus Ahasverus Roen aus den Niederlanden schuf hier das erste einheitliche Artilleriesystem Dänemarks (Stück = Geschütz).
1642	Bau des Rathauses.
1643	Sturmflut: „Glückstadt war mit Wellen bedeckt dem Untergange nahe, wenn nicht an der Süderelbe die Deiche gebrochen wären".
1643/44	Gouverneur Graf Christian Pentz stellt vier Bürgerkompanien auf: Beginn der Bürgerbewaffnung in Glückstadt.
1644/45	Erfolgreicher Kleinkrieg der Festungsbesatzung unter dem Kommando des Grafen Pentz von Glückstadt als Basis aus im Rücken der in Schleswig-Holstein eingefallenen Schweden.
1647	Abbruch des baufällig gewordenen Blockhauses auf der Nordermole.
1648, 28. 2.	König Christian IV. gestorben.
1648	Zwei Sturmfluten. Durch Orkan wird der hohe, spitze Kirchturm umgeworfen, auf das Kirchenschiff gestürzt und dadurch dies weitgehend zerstört.
1649	Glückstadt wird Landeshauptstadt bis 1867: König Friedrich III. legt die Regierungskanzlei und die Justizkanzlei hierher.
1651	Sturmflut.
1650/51	Wiederherstellung der Stadtkirche, Erweiterung durch Anbau nach Süden, die sog. „Neue Kirche", Errichtung des barocken Turms.

1652–1654	Der Deich südlich von Glückstadt wird von der Trasse der heutigen B 431 vorverlegt: Gänsedeich, die Festungswerke der Südfront zurückgenommen und das Neutor als zweites Festungstor errichtet. Die Festungsbauarbeiten plant und leitet der niederländische Generalquartiermeister Pieter de Perceval.
1659	Gründung der Glückstädter Guineischen Handelskompanie zur Beteiligung am „Dreieckshandel": Glückstadt – Afrikanische Westküste – Westindien (Sklavenhandel) – Glückstadt (Zucker, Rum).
1671	Erste Ausfahrt von Glückstadt zur „Grönlandfahrt auf Walfischfang und Robbenschlag" (letzte 1863).
1679	Das Königin-Leib-Regiment (Dronningens Livregiment) bezieht Glückstadt als Garnison (bis 1852).
1681–1710	Glückstadt neben Kopenhagen und Christiansand in Norwegen dritter Flottenstützpunkt der dänischen Gesamtmonarchie. Geschwaderchef: Admiral Matthias von Paulsen, sein Haus ab 1701: Am Rethövel 14, die „Admiralität".
1685	Sturmflut: Ein Hamburger Grönlandfahrer wird von Freiburg/Elbe quer über den Strom und den Glückstädter Hafen bis in das Schwarzwasser getrieben.
1689	Umfangreiche Modernisierungsarbeiten an den Festungswerken.
1697	Sturmflut richtet schwere Schäden an den Festungswerken an, Häuser auf dem Rethövel stehen unter Wasser.
1705	Neues Provianthaus der Festung erbaut (jetzt Farbenfabrik), „nachdem das alte (von 1633) niedergerissen, so nicht mehr stehen Könnte." Sturmflut: Kastell auf der Südermole stark beschädigt, Hafenmauer am Schloß weggerissen, Bruch des Schleusenberges am Hafenende (jetzt Getränkemarkt und Werft).

1708	Mit dem Abbruch des baufällig gewordenen Schlosses wird begonnen.
1711/12	Die Pest in Glückstadt.
1713	Zar Peter der Große in Glückstadt zu Gast.
1714, 23./24. 8.	Deichbruch durch Binnenwasser nach starken Regenfällen.
1717 u. 1718	Sturmfluten: Schleusenberg bricht abermals, der Bruch wird mit Bauschutt vom Abbruch des Schlosses aufgefüllt.
1723	Zeughaus abgebrannt.
1736–1740	Umbau der Festungswerke der NW-Front: Änderung der Wasserzufuhr zur „wundersamen, selbstthätigen Wasseranstalt" der Festungsgewässer und des Flethsystems beeinträchtigt die Funktion der Brauch- und Trinkwasserversorgung: Ausbau der Contrescarpe zum Norderfestungsdeich (Kunterschap). Errichtung des Deichtores (3. Festungstor); Bau von Batteriestellungen im Elbdeich; ein Dockhafen für die Kriegsflotte wird angelegt (heute Gelände der ehemaligen Firma Holzimport).
1738	Einrichtung des Zuchthauses auf dem Platz des abgerissenen Rantzau-Palais Am Rethövel 9 („He hett in Glückstadt studeert", sagte man von Leuten, die hier gesessen hatten, und „Paß op, du kumst na Glückstadt!" warnte man im ganzen Lande Tunichtgute.)
1751	Deichbruch bei der Bastion Holstein.
1752	Die Regierungskanzlei bezieht das Wasmer-Palais, Königstraße 36. Gleichzeitig wird hier ein königliches Logis eingerichtet, in dem Mitglieder der königlichen Familie bei Aufenthalten in Glückstadt wohnen. Als das Schloß um 1700 unbenutzbar geworden war, nahm der Kanzler von Liliencron die Regierungskanzlei

zunächst in seinem Hause Am Hafen 15/16 auf. Nach seinem Tode bezog sie das Palais Quasi non possidentes, Am Hafen 46 zur Miete.

1756 Sturmflut: Rethöveldeich überspült, Hafendeich gebrochen, Gebäudeschäden, Gedenktafel rechts vom Kirchenportal.

1767 Neubau der Synagoge auf dem Grundstück Königstraße 6.

1782 Bau der katholischen Kirche an der Namenlosen Straße.

1791 Sturmflut: Deichbruch am Rethövel.

1801 Nach Angriff der Engländer auf Kopenhagen Verlegung einer Kanonenboot-Flottille nach Glückstadt.

1806 Umwandlung der Holsteinischen Regierungskanzlei in Glückstadt zum Holsteinischen Obergericht.

1807 Engländer bombardieren Kopenhagen, Wegnahme der dänischen Kriegsflotte, Kriegserklärung Dänemarks an England durch das Obergericht in Glückstadt als höchster intakter dänischer Behörde nach dem englischen Überfall, Bündnis Dänemarks mit Napoleon.

1807–1814 Kanonenbootkrieg der in Glückstadt stationierten Flottille gegen die Engländer auf der Unterelbe und im Elbmündungsbereich, besonders erfolgreich die Leutnants Halling und Klaumann als Kommendanten und Divisionsführer.

1813/14 Dezember/Januar Belagerung und Beschießung der Festung Glückstadt durch Schweden, Russen, Preußen, Hannoveraner, Engländer (Raketeneinsatz durch die Engländer: Congravesche Stockraketen, von den Glückstädtern „Steertpoggen" = Kaulquappen genannt).

1814, 5.1. Kapitulation der Festung Glückstadt, dänische Besatzung rückt ab, Besetzung durch die Verbündeten.

1814, 24. 8.	„Allg. Schulordnung f. d. Herzogtümer Schleswig und Holstein.": Trennung der Stadtschule in Gelehrtenschule und Bürgerschule.
1814–1816	Demolierung der Festungswerke und Schaffung der Grünanlagen auf dem ehemaligen Glacis.
1819	Einrichtung des ehemaligen Gießhauses als neues Zuchthaus, auch als 2. Abteilung bezeichnet (1. Abt. Rethövel).
1822	Gelehrtenschule am Kirchplatz erbaut. Einrichtung der Straßenbeleuchtung mit Tranlampen.
1825, 4./5.	Schwere Sturmflut 5,25 m über NN, Grundbruch des Deiches auf dem Rethövel rechts neben dem Zuchthaus, zwei Häuser weggerissen, 24 Tote, Grönlandfahrer „Frau Anna" und drei kleinere Fahrzeuge bis ans Schwarzwasser geschleudert, Sturmflutmarke am Eckhaus Hafen/Fleth.
1837	Kastell auf der Südermole abgebrochen.
1845, 20. 7.	Eröffnung der „Glückstadt-Elmshorner Eisenbahn", dritte Eisenbahn Schleswig-Holsteins, Anschluß an „Christian VIII. Ostseebahn" von Altona nach Kiel, dadurch Verbindung der drei wichtigsten Städte Holsteins. Erster Bahnhof am Rhin, jetzt Betriebsgelände der Glückstädter Reinigungswerke.
1846	Kopf der Nordermole als hölzerner Pfahlbau mit Eisabweisern und kleiner Leuchtturm errichtet.
1848, 24. 3.	Glückstadt schließt sich der Schleswig-Holsteinischen Erhebung an: Postmeister Oberstleutnant a. D. Fabricius hält vom Rathausbalkon eine Rede an die Glückstädter Bevölkerung, Gelehrtenschüler malen den Soldaten der Hauptwache am Markt blaue Mittelpunkte in die weiß-roten dänischen Kokarden, das 17. Infanterie-Bataillon (bei der Heeresreform 1842 aus dem

Königin-Leib-Regiment gebildet) tritt im Exerzierhaus an und wird von Fabricius zum Übertritt zur Schleswig-Holsteinischen Armee bewegt, die Mehrzahl der Offiziere will sich nicht anschließen und reist ab nach Hamburg, das Bataillon marschiert ab nach Rendsburg und wird als 4. Infanteriebataillon in die Schleswig-Holsteinische Armee eingegliedert. In Glückstadt wird die Bürgerbewaffnung neu organisiert. Es wird eine ähnlich wie die Armee nach preußischem Vorbild uniformierte Bürgerwehr gebildet, Hauptaufgabe: Bewachung der Zuchthäuser nach Abmarsch des Militärs. Nach Einrichtung einer Küstenbatterie auf dem Schirmdeich neben der Nordermole stellt die Bürgerwehr die Hälfte der Bedienungsmannschaften.

Im Provianthaus wird nach dem Sieg der Schleswig-Holsteiner am 5. 4. 1849 bei Eckernförde ein Kriegsgefangenenlager eingerichtet, in dem die gefangenen Besatzungen des vernichteten Linienschiffes „Christian VIII." und der eroberten Fregatte „Gefion" untergebracht werden.

1849	Indienststellung des Kanonenbootes Nr. 7 der Schleswig-Holsteinischen Marine „Glückstadt", das hier auf der Schröderschen Werft gebaut worden ist.
1848–1851	Während des Krieges liegen hier öfter S.-H. Truppenteile im Quartier.
1850, November	Rückzug der Westsee-Division der S.-H. Flotte nach Glückstadt, dabei Untergang des Kanonenbootes Nr. 8 „Nübbel" mit der ganzen Besatzung (45 Mann) im Sturm. Die Einheiten der Westsee-Division sollen den Winter über in Glückstadt aufliegen. Es bleibt hier ein Wachkommando von 25 Matrosen der Schleswig-Holsteinischen Marine.
1851, 11. 1.	Die Schleswig-Holsteiner geben auf. Armee und Marine werden aufgelöst, das gesamte Material wird an Dänemark ausgeliefert. Allerdings wird der Raddamp-

fer „Kiel" nach Glückstadt gebracht und hier an die Deutsche Reichsmarine (Admiral Brommy) übergeben.

Die Glückstädter Bürgerwehr wird aufgelöst: Ende der Bürgerbewaffnung.

1856   Ab 6. Okober Straßenbeleuchtung mit „Röhrengas".

1857   Glückstadt-Elmshorner Eisenbahn eröffnet Verlängerung nach Itzehoe, neuer Bahnhof „Anlagenpavillon".

1858   Neubau der Gelehrtenschule durch H. G. Krüger.

1859   Cholera-Epedemie: Vom 4. August bis 9. September 60 Tote in Glückstadt.

1863, 23. 12.   Abzug der Dänen aus Glückstadt,
25. 12.   Einzug hannoverscher Truppen zur Durchführung der Bundesexekution.

1864   Gegen Jahresende Abzug der Bundestruppen, Übernahme der Verwaltung Holsteins durch die Österreicher (Schleswigs durch die Preußen) nach dem Sieg über die Dänen und Beendigung des Krieges mit dem Wiener Frieden vom 7. 12. Glückstadt wird Garnison eines Bataillons des K.K. Infanterieregiments Nr. 35 „Feldzeugmeister Franz Graf Khevenhüller-Metsch". Der österreichische Statthalter von Holstein Feldmarschalleutnant von Gablenz leitet durch Bewilligung der erforderlichen Mittel den Bau der großen Hafenschleuse und den Ausbau des Glückstädter Hafens ein. Dadurch hat er für eine wesentliche Verbesserung des Sturmflutschutzes vorgesorgt.

1867, 24. 1.   Nach dem Sieg der Preußen über die Österreicher 1866 werden die Herzogtümer Schleswig und Holstein in das Königreich Preußen einverleibt.

1866–1868   Glückstadt als preußische Garnison: Füsilierbataillon des 2. Schlesischen Grenadierregiments Nr. 11.

1868, 3.1.	Das von den preußischen Füsilieren als Unterkunft genutzte Turmhaus abgebrannt. Christian IV. hatte es 1638 seiner Geliebten Wibeke Kruse geschenkt.
1872–1876	Neubau des Rathauses, die ursprüngliche Fassade wird nachgebildet.
1874	Fertigstellung der Dockschleuse mit Sturmfluttor. Der Rhin wird durch den ehemaligen Festungsgraben umgeleitet, der Hafen jetzt unterteilt in den Binnenhafen als Dockhafen und den Außenhafen als Tidehafen.
1875	Die Glückstadt-Elmshorner Eisenbahn ist etappenweise bis Tondern erweitert und heißt jetzt Schleswig-Holsteinische Marschbahn. Direktionssitz ist Glückstadt. Einrichtung des Wagenhauses als Korrektionsanstalt.
1876	Ankauf des Wasmer-Palais für die Knabenschule.
1879	Anbau der Mädchenschule.
1881	Einweihung der Ausbesserungswerkstatt der Schleswig-Holsteinischen Marschbahn-Gesellschaft am Janssenweg.
1890	Die Schleswig-Holsteinische Marschbahn-Gesellschaft eröffnet ihr neues Direktionsgebäude, Bohnstraße 16.
1891, 24.12.	Eröffnung der zentralen Wasserversorgung: Elbwasser wird gefiltert und in den Wasserturm gepumpt, fließt von dort in die Wasserleitungen.
1894	Knaben- und Mädchenschule unter Leitung des Rektors Johannes Hansen zusammengefaßt (Bürgerschule).
1894	Gründung des Detlefsenmuseums.
1893/94	Gründung der Glückstädter Heringsfischerei (Segellogger, Fang mit dem Treibnetz, Matjes).
1895	Abbruch der baufälligen Synagoge.

1897	Übernahme der bisher privaten Gasanstalt durch die Stadt.
1899	Bau eines städtischen Schlachthauses, erforderlich, weil Glückstädter Schlachter die Passagierschiffe der HAPAG mit Frischfleisch versorgen.
1900	Einrichtung eines selbstregistrierenden Pegels im Pegelturm auf der Südermole.
1905	Untergang des Loggers SG 1 „Tümmler" mit 14 Mann Besatzung im Herbststurm.
1911	Ansiedlung der Baumwollbleicherei Peter Temming (Lintersbleicherei, Papierfabrik).
1913	Einrichtung der Stromversorgung.
1914	Bei Ausbruch des 1. Weltkrieges bringen die Engländer der beiden Glückstädter Segellogger SG 2 „Stör" und SG 19 „Otter" auf. Die Besatzungen werden interniert, die beiden Logger durch Geschützfeuer versenkt.
1917	Dampflogger „Glückstadt", SG 22, als Hilfskriegsschiff der Kaiserlichen Marine bei der Eroberung der Insel Ösel durch Minentreffer versenkt.
1918	Neuer Leuchtturm auf der Nordermole.
1923	Segellogger SG 21 „Stint" im August mit 15 Mann Besatzung untergegangen, wahrscheinlich auf eine Mine gelaufen.
1926	Dampflogger „Glückstadt II", SG 126, Ersatz für die im Krieg verlorengegangene „Glückstadt", am 12. Oktober auf der Heimreise bei Trischen mit 17 Mann Besatzung durch Grundsee untergegangen.
1929	Segellogger mit Hilfsmotor SG 14 „Hecht" durch Motorenexplosion ausgebrannt, Maschinist tödlich verunglückt.
1927	Auflösung der Strafanstalten.

1933, April–Dezember	Einrichtung eines „Schutzhaftlagers" im Landesfürsorgeheim am Jungfernstieg durch den Landrat des Kreises Steinburg.
1934	Neugründung der Heringsfischerei nach Konkurs (Motorlogger).
1935/36	Kasernenbau am Neuendeich.
1936, 1.7.	Glückstadt Marinegarnison: 2. Schiffsstammabteilung der Nordsee, später 14. SStA. rückt ein.
1936	Ende der Versorgung mit Elbwasser durch Einrichtung des Wasserwerkes Krempermoor: Grundwasser wird durch etwa 14 km Rohrleitung nach Glückstadt gepumpt.
1936/37	Zwei neue Leuchttürme: Glückstadt-Oberfeuer (30 m hoch) Am Neuendeich, Unterfeuer (15 m hoch) im Außendeich.
1937	Zerstörung der hölzernen Nordermole durch Sturmflut im Herbst, Neubau aus Stahlspundwänden.
1938	Neubau des 3. Glückstädter Bahnhofes fertig.
1939/45	Im 2. Weltkrieg werden die Glückstädter Logger von der Kriegsmarine übernommen. Dampflogger „Traute", SG 1, als Artillerieschulschiff, die Motorlogger „Tiu" SG 2, „Donar" SG 3, „Balder" SG 4, „Odin" SG 5, und „Frija" SG 6 als Minensucher in Norwegen, „Fro" SG 8 als Minensucher in Wilhelmshaven und „Heimdall" SG 7 als Lotsenversetzschiff. Kriegsverluste hat die Glückstädter Loggerflotte nicht zu beklagen. In der Landesarbeitsanstalt und in Baracken bei der Klaus-Groth-Straße werden Kriegsgefangenenlager eingerichtet. Bei einem Luftangriff fällt eine Sprengbombe auf Janssens Kälberweide. Splittereinschläge verursachen leichte Schäden am Mauerwerk des Amtsgerichts und

des Richter-Wohnhauses. Durch einen Brandbomben-treffer wird das Wohn- u. Wirtschaftsgebäude des Bauern Bumann, Stadtstraße vernichtet. Sonst keine Kriegsschäden im Stadtgebiet.

Nach Großangriffen auf Hamburg, Kiel, Neumünster rücken Einheiten der Glückstädter Feuerwehren zur Hilfeleistung aus.

Die 14. Schiffsstammabteilung wird nach Breda in den Niederlanden verlegt. In Glückstadt zieht die 2. Marinelehrabteilung ein.

Bei Kriegsbeginn wird die Bürgerschule an der Königstraße sofort als Marine-Reservelazarett eingerichtet. Die Schulklassen werden in allen möglichen über das ganze Stadtgebiet verteilten Räumen untergebracht z.b. im Evangelischen Vereinshaus, im Versammlungsraum der Neuapostolischen Kirche, in den Betriebsgemeinschaftsräumen der Heringsfischerei und des Reichsbahnausbesserungswerks, in der Gemüsebauschule, in den Berufsschulräumen im Brockdorff-Palais, in einigen Räumen des Gymnasiums. Als die Bauarbeiten beendet sind, wird dann während der Kriegszeit auch der Neubau des Marinelazaretts an der Grillchaussee in Betrieb genommen.

1951	An der Bürgerschule wird ein Aufbauzug eingerichtet.
Juni 1951– Juli 1956	Bundesgrenzschutz-Standort.
1953	Umwandlung des Aufbauzuges in eine Mittel-, später Realschule.
1956, 17. 9.	Einzug der Bundesmarine: 3. Schiffstammabteilung, ab 1960 3. Marine-Ausbildungsbataillon.
1957	Realschule bezieht eigenes Schulhaus an der Carl-Legien-Straße.
1962, 16./17. Februar	Große Sturmflut, 5,60 m über NN, umfangreiche Deichschäden, Glückstadt in großer Gefahr, verdienstvoller Einsatz der Bundesmarinegarnison bei der

Sicherung besonders gefährdeter Deichstrecken und Schutzbauwerke.

1962   Ausbau des vom ETSV „Fortuna" in den ehemaligen Klärbecken des Elbwasserwerkes eingerichteten Schwimmbades zum städtischen „Fortuna-Bad".

1963   Die seit 1953 an der Bürgerschule eingerichteten Hilfsschulklassen werden selbständige Sonderschule.

1964   Neubau der Katholischen Kirche.

1966/67   Bau der Grund- und Hauptschule Glückstadt-Nord: „König-Christian-Schule".

1971   Vorverlegung des Neuendeiches, im neugewonnenen Koog entsteht der Stadtteil Glückstadt-Butendiek.

1974   Erweiterung des Stadtgebietes Einzug der Detlefsenschule in ihren Neubau am Dänenkamp.

1975   Bau des Stör-Sperrwerkes bei Ivenfleth. Die Sonderschule, neuerdings Förderschule, bezieht die neueren Gebäudeteile des ehemaligen Gymnasiums. Sie nimmt den Namen „Stadtschule" an.

1976, 3. 1.   Schwere Sturmflut, 5,83 m über NN. Wieder verdienstvoller Einsatz der Bundesmarinegarnison.

1976   Glückstädter Heringsfischerei stellt ihren Betrieb ein. Probegrabungen des Landesamtes für Vor- und Frühgeschichte im Außendeich am Schleuer: Wiederentdeckung der Wüstung von Nygenstadt aufgrund einer Initiative der Hobby-Archäologin Frau Doris Meyn, Elmshorn.

1977   Aufspülung des Außendeiches südlich von Glückstadt.

1981   Der Fähranleger wird querab vom Sperforkenweg neu geschaffen.

1980er Jahre	Sanierung des von der Landesregierung anerkannten Stadtdenkmals Glückstadt, dabei Wiederherstellung des Marktfleths und Gestaltung des Marktplatzes.
1984	Neugestaltung des Südermolenkopfes.
1990, 2.11.	Einweihung des neuen Feuerwehrgerätehauses auf dem ehemaligen Gerberhof hinter der einstigen Bastion Erbprinz.
1992, 25.3.	Besuch des Bundespräsidenten Richard von Weizsäcker zum 375jährigen Stadtjubiläum.
1992/93	Bau einer Kaianlage am Südufer des Außenhafens.